- SHENGCHAN XITONG
- JIANMO YU FANGZHEN

生产系统建模与仿真

主　编　张洪亮　郜振华　陈　彬
副主编　吴春花　谈　波

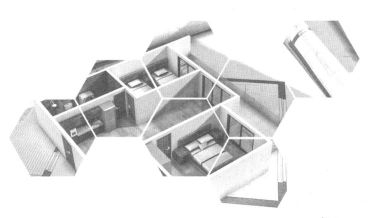

北京师范大学出版集团
BEIJING NORMAL UNIVERSITY PUBLISHING GROUP
安徽大学出版社

图书在版编目(CIP)数据

生产系统建模与仿真/张洪亮,郜振华,陈彬主编.—合肥:安徽大学出版社,2024.7

ISBN 978-7-5664-2701-4

Ⅰ.①生… Ⅱ.①张… ②郜… ③陈… Ⅲ.①生产管理—系统建模 ②生产管理—系统仿真 Ⅳ.①F273-39

中国国家版本馆 CIP 数据核字(2023)第 225876 号

生产系统建模与仿真

张洪亮 郜振华 陈 彬 主编

出版发行：	北京师范大学出版集团
	安 徽 大 学 出 版 社
	(安徽省合肥市肥西路 3 号 邮编 230039)
	www.bnupg.com
	www.ahupress.com.cn
印　　刷：	安徽利民印务有限公司
经　　销：	全国新华书店
开　　本：	787 mm×1092 mm　1/16
印　　张：	15.5
字　　数：	295 千字
版　　次：	2024 年 7 月第 1 版
印　　次：	2024 年 7 月第 1 次印刷
定　　价：	48.00 元

ISBN 978-7-5664-2701-4

策划编辑:刘中飞　武溪溪	装帧设计:李　军　孟献辉
责任编辑:武溪溪	美术编辑:李　军
责任校对:王梦凡	责任印制:赵明炎

版权所有　侵权必究

反盗版、侵权举报电话:0551-65106311
外埠邮购电话:0551-65107716
本书如有印装质量问题,请与印制管理部联系调换。
印制管理部电话:0551-65106311

前　言

进入新时代,随着人工智能技术的突飞猛进,智能制造已然成为中国制造业转型升级的"新动能"。2021年,工业和信息化部等八部门联合印发了《"十四五"智能制造发展规划》,该规划指出,智能制造是制造强国建设的主攻方向,发展智能制造对于巩固实体经济根基、建成现代产业体系、实现新型工业化具有重要作用。

生产系统建模与仿真技术是智能制造的核心技术之一,它是指利用计算机技术对生产过程进行建模和仿真,以实现对生产过程的全面掌控和分析优化。该技术具有可视化强、灵活性好、效率高等特点,可以帮助企业优化生产过程,提高生产效率和质量,减少资源浪费和环境污染,为企业实现智能制造提供坚实的技术基础。

培养具备生产系统、物流系统及服务系统建模与仿真分析能力的专业人才,对推进智能制造具有重要作用。但目前国内关于系统建模与仿真的教材大部分围绕物流系统展开,面向生产系统建模与仿真的教材较为缺少,不能满足新时代企业及社会人才培养的需求,为此,作者团队编写了这本《生产系统建模与仿真》。本书有助于读者利用建模思维,借助计算机仿真手段对生产系统、物流系统及服务系统进行建模与仿真训练。

与国内生产系统建模与仿真相关教材相比较,本书具有以下特色:一是强化知识的系统性与综合性。生产系统建模与仿真是一门综合性较强的课程,可将生产管理、物流工程、设施规划及计算机语言等方面的技术进行有效衔接。本书引入大量基础专业知识和企业实际仿真案例,强化知识的综合应用,可有效推动读者系统掌握工业工程及物流工程等专业的知识。二是章节内容安排更加合理。本书以企业生产过程为主线,全面介绍系统建模与仿真技术在生产系统设计阶段、运行阶段以及维护阶段的应用。同时,为突显工业工程等学科的特点,更加详细地介绍三维建模工具、生产过程可视化及仿真数据的分析与挖掘,构建了完整的系统建模与仿真知识体系。三是突出实践与应用能力培养。本书着重突出读者动手与实践能力的培养,围绕生产系统设计、生产系统运行及生产设备管理等方面讲解典型实用案例,并提供了案例模型构建步骤的讲解,使读者可以更加深刻地理解理论知识,提高读者解决生产实际问题的能力。除此之外,在每章后面配有练习题,题型多样,便于读者自行通过练习提高建模、仿真及实践能力。

本书分为14章,第1章为仿真技术发展概述,介绍系统仿真及其对制造业的影响、FlexSim 仿真软件的特点及优势；第 2 章介绍 FlexSim 仿真软件的基本操作；第 3、4 章介绍生产和服务系统仿真的初级应用，讲解了简单流水线、银行取号系统、组装生产线、带返工问题的生产系统等案例，使读者初步了解 FlexSim 建模与仿真的步骤与技巧；第 5～12 章是针对生产系统建模与仿真的进阶应用，围绕零件不同移动方式、物料搬运系统、Job-Shop 生产系统、推式和拉式生产系统、混合流水线系统、不同投产顺序下生产系统、ABC 生产库存系统、配送中心等案例展开讲解，进一步提高读者的建模与仿真能力；第 13、14 章为拓展内容，主要围绕超市服务系统、快递取件等案例，让读者了解系统建模与仿真在其他领域中的应用。

本书由安徽工业大学张洪亮、郜振华、陈彬担任主编，吴春花、谈波担任副主编。具体编写分工为：张洪亮负责第 1 章、第 6 章、第 7 章和第 14 章，郜振华负责第 2 章、第 4 章和第 8 章，陈彬负责第 3 章、第 5 章和第 12 章，吴春花负责第 10 章和第 13 章，谈波负责第 9 章和第 11 章。课题组研究生单冰艳、王丽琳等参与了案例整理及文字校对等工作。

本书既适合工业工程、物流工程、物流管理、管理科学与工程等专业的本科生和研究生阅读，也适合从事生产系统设计、物流系统设计等行业的专业人才用于提升系统建模与仿真能力。

本书的出版得到教育部"双万计划"国家级一流本科专业建设点（工业工程）、2023 年度安徽省新时代育人质量工程项目（研究生教育）（2023ghjc018）、安徽工业大学研究生一流教材建设项目（2022yljc011）等的支持。同时，作者在编写过程中参考了一些专家学者的专著、教材等相关资料，在此致以深深的谢意！

生产系统建模与仿真属于新兴研究领域，技术发展速度快，本书许多内容未能进一步深入阐述，同时由于作者水平有限，加之时间仓促，书中难免有不足与疏忽之处，敬请读者批评指正。

编者
2024 年 3 月

目 录

第1章 仿真技术发展概述 ... 1
1.1 系统仿真及其对制造业的影响 ... 1
1.2 FlexSim 仿真软件的特点及优势 ... 6
本章课后习题 ... 14

第2章 FlexSim 仿真软件的基本操作 ... 15
2.1 FlexSim 仿真软件中的术语 ... 15
2.2 模型视图 ... 19
2.3 FlexSim 仿真控件 ... 23
2.4 FlexSim 仿真软件的仿真步骤 ... 24
本章课后习题 ... 24

第3章 生产和服务系统仿真入门案例 ... 25
3.1 相关理论知识 ... 25
3.2 相关仿真工具及功能 ... 28
3.3 简单流水线建模与仿真案例 ... 33
3.4 银行取号系统建模与仿真案例 ... 36
本章课后习题 ... 44

第4章 简单生产系统建模与仿真 ... 45
4.1 相关理论知识 ... 45
4.2 相关仿真工具及功能 ... 49
4.3 组装生产线建模与仿真案例 ... 55
4.4 带返工问题的生产系统建模与仿真案例 ... 60
本章课后习题 ... 67

第5章 零件不同移动方式的系统建模与仿真 ... 68
5.1 相关理论知识 ... 68

5.2 相关仿真工具及功能 …………………………………………………………… 70
5.3 零件不同移动方式的仿真系统与建模 ………………………………………… 71
本章课后习题 ……………………………………………………………………… 81

第 6 章 物料搬运系统建模与仿真 …………………………………………………… 82
6.1 相关理论知识 …………………………………………………………………… 82
6.2 相关仿真工具及功能 …………………………………………………………… 86
6.3 物流搬运系统建模与仿真案例 ………………………………………………… 92
本章课后习题 ……………………………………………………………………… 97

第 7 章 Job-Shop 生产系统建模与仿真 ……………………………………………… 99
7.1 相关理论知识 …………………………………………………………………… 99
7.2 相关仿真工具及功能 …………………………………………………………… 102
7.3 Job-Shop 生产系统建模与仿真案例 …………………………………………… 104
本章课后习题 ……………………………………………………………………… 113

第 8 章 推式和拉式生产系统建模与仿真 …………………………………………… 114
8.1 相关理论知识 …………………………………………………………………… 114
8.2 相关仿真工具及功能 …………………………………………………………… 117
8.3 推式生产系统建模与仿真案例 ………………………………………………… 118
8.4 拉式生产系统建模与仿真案例 ………………………………………………… 128
本章课后习题 ……………………………………………………………………… 133

第 9 章 混合流水线系统建模与仿真 ………………………………………………… 135
9.1 相关理论知识 …………………………………………………………………… 135
9.2 相关仿真工具及功能 …………………………………………………………… 136
9.3 混合流水线生产系统建模与仿真案例 ………………………………………… 137
本章课后习题 ……………………………………………………………………… 145

第 10 章 不同投产顺序下生产系统建模与仿真 …………………………………… 146
10.1 相关理论知识 ………………………………………………………………… 146
10.2 相关仿真工具及功能 ………………………………………………………… 148
10.3 不同投产顺序下生产系统建模与仿真案例 ………………………………… 148
本章课后习题 ……………………………………………………………………… 159

第 11 章　ABC 生产库存系统建模与仿真 ·········· 160

11.1　相关理论知识 ·········· 160
11.2　相关仿真工具及功能 ·········· 163
11.3　基于 ABC 思想的库存管理建模与仿真案例 ·········· 164
本章课后习题 ·········· 168

第 12 章　配送中心建模与仿真 ·········· 169

12.1　相关理论知识 ·········· 169
12.2　相关仿真工具及功能 ·········· 175
12.3　配送中心建模与仿真案例 ·········· 176
本章课后习题 ·········· 189

第 13 章　超市服务系统建模与仿真 ·········· 191

13.1　相关理论知识 ·········· 191
13.2　相关仿真工具及功能 ·········· 191
13.3　超市收银台收银服务建模与仿真案例 ·········· 192
本章课后习题 ·········· 200

第 14 章　快递取件建模与仿真 ·········· 202

14.1　仓储理论及建模知识 ·········· 202
14.2　模型概述 ·········· 204
14.3　建模过程 ·········· 209
本章课后习题 ·········· 239

参考文献 ·········· 240

第1章 仿真技术发展概述

1.1 系统仿真及其对制造业的影响

1.1.1 系统仿真的概念

"仿真"一词译自英语单词"simulation",有时也译作"模拟",是"模仿真实世界"的意思。系统仿真是建立在系统理论、控制理论、相似理论、数理统计、信息技术和计算技术等理论之上的,以计算机和其他专用物理效应设备为工具,利用系统模型对真实或假想系统进行试验,并借助专家知识经验、统计数据和系统资料对试验结果进行分析研究并作出决策的一门综合性和试验性学科。

人们在研究一个较为复杂的系统时,如果直接在实际系统上进行研究,可能会受到以下因素的影响:

(1)安全性。在研究有人身危害或设备安全问题的系统时,不适合在实际系统上进行试验,如环境污染物系统、核辐射系统等。

(2)系统的不可逆性。很多系统具有不可逆性,如已经发生的自然灾害系统、生态系统等均具有不可逆性,因此难以对实际系统展开研究。

(3)研究周期。多数情况下,对实际生产系统展开问题研究往往历时较长,如环境演化问题的研究往往需要经历数十年,因此,在实际系统上展开研究往往不能满足时效性的要求。

(4)成本因素。一些重大项目工程、重大设备系统耗资巨大、建设周期长,不适合在实际系统上进行破坏性试验。

因此,系统仿真方法得到了越来越广泛的应用。在我国,计算机仿真技术在《国家中长期科学和技术发展规划纲要(2006—2020年)》和《我国信息产业拥有自主知识产权的关键技术和重要产品目录》中均被列为关键技术。目前,计算机仿真技术已经在机械制造、航空航天、交通运输、船舶工程、经济管理、工程建设、军事模拟以及医疗卫生等领域得到了广泛的应用。

1.1.2 系统仿真的类型

系统仿真按照模型的类型可以分为连续系统仿真、离散事件系统仿真、连续/离散混合系统仿真,其中连续系统仿真是指系统状态随时间连续变化的系统仿真,离散事件系统仿真是指系统状态只在一些特定时间点发生变化的系统仿真。在系统仿真技术的发展过程中,连续系统仿真较早得到发展,其成熟的应用领域包括自动控制、电力系统、航天航空等。离散事件系统仿真则是随着管理科学的不断发展和先进制造系统的发展而逐渐被重视起来的,目前已在交通运输管理、城市规划设计、生产运作管理、制造业、物流业等领域得到广泛的应用。

按照实现的方法和手段,系统仿真可以分为物理仿真、半物理仿真和计算机仿真,见表1-1。其中,物理仿真是建立系统的物理模型,如航空飞行空洞实验就是建立物理模型研究气流对飞机飞行的影响。半物理仿真又称物理-数学仿真或半实物仿真,是指针对仿真研究内容,将被仿真对象系统的一部分以实物(或物理模型)方式引入仿真回路。如果存在建立数学模型困难的子系统的情况,最好使用此类仿真,如航空航天、武器系统等研究领域;被仿真对象系统的其余部分以数学模型描述,并把它转化为仿真计算模型。计算机仿真又称数字仿真,是指通过建立某一过程或某一系统的模式,来描述该过程或该系统,然后用一系列有目的、有条件的计算机仿真实验来刻画系统的特征,从而得出数量指标,为决策者提供关于这一过程或系统的定量分析结果,作为决策的理论依据。

表1-1 系统仿真分类

仿真类型	模型类型	计算机类型	经济性
物理仿真(模拟仿真)	物理模型	模拟计算机	费用很高
半物理仿真(混合仿真)	物理-数学模型	混合计算机	费用中等
计算机仿真(数字仿真)	数学模型	数字计算机	费用不高

随着计算机技术的发展,计算机仿真已成为系统仿真的一个重要分支,其在系统仿真中占的比重越来越大,系统仿真很大程度上就是指计算机仿真。计算机仿真技术的发展与控制工程、系统工程及计算机工程的发展有着密切的联系。一方面,控制工程、系统工程的发展,促进了仿真技术的广泛应用;另一方面,计算机的出现以及计算机技术的发展,又为仿真技术的发展提供了强大的支撑。计算机仿真一直作为一种必不可少的工具,在减少损失、节约经费开支、缩短开发周期、提高产品质量等方面发挥着重要的作用。目前,计算机仿真技术已被大规模地应用于仪器仪表、虚拟制造、电子产品设计、仿真训练等人们生产、生活的各个方面。近年来,我国制造业产业结构不断升级,先进技术的利用能力不断提升,我国计算机仿真市场增速高于全球平均水平。

1.1.3 计算机仿真技术的特点及发展历史

作为新兴的技术方法,与传统的物理实验相比较,计算机仿真有着很多无可替代的优点:

(1) 模拟时间的可伸缩性。由于计算机仿真受人的控制,整个过程的可控性比较强,仿真时间可以进行人为的设定,因此,时间上有着很强的可伸缩性,也可以节约实验时间,提高实验效率。

(2) 模拟运行的可控性。由于计算机仿真以计算机为载体,整个实验过程由计算机指令控制进程,因此,可以进行人为的设定和修改,实验模拟过程有较强的可控性。

(3) 模拟试验的优化性。由于计算机仿真技术可以重复进行无限次模拟实验,因此可以得出不同的结果,各种结果相互比较,可以找到一个更理想、更优的问题解决方案,可以作为优化实验,选择相应的方案。

计算机仿真方法的产生与电子计算机技术的发明和应用紧密相连。1946年2月,世界上第一台数字式电子计算机ENIAC在美国诞生,到20世纪40年代末期,首台模拟式电子计算机就被用于三自由度飞机系统的仿真。20世纪50年代末期到60年代,由于宇航科技发展的迫切需要,美国科研人员又创造了混合计算机系统,这使得人们能对较复杂系统的行为进行仿真研究。具体来讲,20世纪50年代计算机仿真主要采用模拟机;20世纪60年代后串行处理数字机逐渐应用到仿真之中,但难以满足航天、化工等大规模复杂系统对仿真时限的要求;到了20世纪70年代,模拟-数字混合机曾一度应用于飞行仿真、卫星仿真和核反应堆仿真等众多高技术研究领域;20世纪80年代后,由于并行处理技术的发展,数字机才成为计算机仿真的主流。

早在1992年,美国就提出了22项国家关键技术,系统仿真被列为第6项,甚至把仿真技术作为今后科技发展战略的关键推动力。计算机仿真技术在我国的研究与应用的发展也非常迅速,20世纪50年代开始,我国自动控制领域首先采用仿真技术。20世纪60年代,在开展连续系统仿真的同时,对离散事件系统的仿真进行研究。20世纪70年代,我国训练仿真器获得迅速发展,我国自行设计的飞行模拟器、机车培训仿真器、化工过程培训仿真器等相继研制成功,并形成一定市场,在操作人员培训中起到了很大作用。后来随着仿真技术水平的不断提高,又建设了一批水平高、规模大的半实物仿真系统。从20世纪90年代起,我国又开始了对分布交互仿真、虚拟现实等先进仿真技术的研究,并取得了一定的成果。特别是近20年来,随着系统工程与科学的迅速发展,仿真技术已经从传统的工程领域扩展到非工程领域,在社会经济系统、环境生态系统、能源系统、生物医学系统、教育训练系统等方面也得到了广泛的应用。系统仿真技术的发展概况见表1-2。

表 1-2 系统仿真技术的发展概况

年代	仿真技术的主要特点
17 世纪至 20 世纪 40 年代	在物理科学基础上的建模
20 世纪 50 年代中期	仿真应用于航空领域
20 世纪 60 年代	工业过程控制的仿真
20 世纪 70 年代	包括经济、社会和环境因素的大系统仿真
20 世纪 70 年代中期	系统与仿真结合,如用于随机网络建模的 SLAM 仿真系统
20 世纪 70 年代后期	系统仿真与更高级的决策结合,如决策支持系统 DSS
20 世纪 80 年代中期	集成化建模与仿真环境,如美国 Pritsker 公司的 TESS 建模与仿真环境
20 世纪 90 年代以后	可视化建模与仿真、虚拟现实仿真、分布交互仿真等

1.1.4 计算机仿真在制造业的应用和发展现状

制造业在国民经济中一般都占有很大的比重,如 2020 年我国 GDP 构成中,第二产业仍高达 37.8%。自 20 世纪 70 年代以来,全球性的市场竞争日益激烈,产品消费结构不断向多元化、个性化方向发展,产品的更新期和交货期都在缩短,一些自动化技术如计算机辅助设计(computer-aided design,CAD)、计算机辅助制造(computer-aided manufacturing,CAM)、计算机辅助工艺规划(computer-aided process planning,CAPP)、数字控制(numerical control,NC)、柔性制造系统(flexible manufacturing system,FMS)、制造资源计划(manufacturing resource planning,MRPⅡ)、计算机集成制造系统(computer integrated manufacturing system,CIMS)等都得到快速发展。系统仿真作为一种重要手段,通常可以渗透到它们当中去,并帮助它们实现集成,从而促进了一些先进制造技术的发展。20 世纪 50 年代,最引人注目的仿真领域是火炮控制和飞行控制系统;60 年代是火箭和导弹控制系统;70 年代是航天、核能和经济管理系统;80 年代以来,最引人注目的仿真领域逐步转向到制造系统,并且呈现出生机勃勃的局面,开始出现了一体化仿真环境,系统仿真不断地朝着纵、横方向发展,在制造业方面,一个比较明显的进展就是虚拟制造(virtual manufacturing)。根据虚拟制造的概念,整个产品的设计和制造首先在计算机上进行,这样可以发现并解决该产品在制造之前可能出现的各种问题。计算机仿真发展与应用的历程就是在实际应用需求的牵引下,在不断涌现与发展的相关新技术的推动下,融合新的建模与仿真方法学而不断发展起来的。目前,不管是在科学研究还是在技术开发抑或工业设计中,计算机仿真方法都显示出强大的威力。随着计算机科学技术的飞速发展,计算机仿真融合了多媒体技术、虚拟现实、人工智能、面向对象方法、可视化与图形界面等多方面技术,系统建模与仿真技术在仿真方法研究、仿真技术研究、系统仿真应用等方面都取得了显著的成就和效益。

计算机仿真技术在制造业应用的另一个研究热点——虚拟产品开发也是引人注目的。虚拟产品开发(virtual product development,VPD)首先源于并行工程(concurrent engineering,CE)思想。这种思想将现代先进的组织形式与现代的哲学、文化混合为一体,是对产品设计及其相关过程(制造过程、使用过程和支持过程)进行并行的、一体化设计的一种系统化工作模式。

近年来,仿真技术的应用已经从单一的系统走向开放复杂的大系统。当仿真对象分布于广阔的时空领域,仿真任务要求将不同地理位置、不同类型(包括人在内)的仿真对象构成一个统一整体进行仿真时,产生了分布交互仿真(distributed interactive simulation,DIS)。这种仿真系统里包含不同类型的实体-虚体、真实实体和构造实体,这些实体可以由不同目的的系统、不同年代的技术、不同厂商的产品组成,并允许它们交互操作。DIS用计算机网络将不同地点的仿真设备连接起来,是通过实体间的数据交换构成仿真环境的一种先进仿真技术。

现在,面向制造系统的仿真出现了一体化支撑软件,可实现仿真建模、仿真运行、输出分析的集成环境,运用仿真监控发现系统执行机制,在数据库管理的基础上实现模型数据、实验数据、仿真结果的统一管理,人工智能技术也应用在仿真建模、仿真运行和仿真结果的分析中。此外,广义制造系统仿真器的出现,实现了对某类制造系统的非语言建模、模型数据驱动等功能。这类典型的一体化仿真软件有 TESS 和 IBIS;广义仿真器有 AutoModⅡ、FATOR、GEMS、WITNESS 等。

1.1.5 计算机仿真对制造业的影响

利用计算机仿真技术模拟企业复杂的运作流程并加以诊断和改善已经开展数十年,至今该技术已经成为企业提升运营效率的重要工具之一。从本质上讲,仿真技术就是建立仿真模型和对模型开展实验的一种技术,它是分析、诊断和优化复杂生产系统的有力的工具。仿真技术不用搭建实体模型,只用实体模型的小部分费用在计算机中建立虚拟模型来测试各种想法和假设条件,因而可以节省大量的资金投入。最重要的是,仿真技术可以预判各种可行方案的实施效果,极大地降低了决策的风险。仿真技术在生产管理领域已经应用于产品设计、工厂设计、复杂生产系统分析、库存管理、物流和供应链管理、设备和资源优化配置管理等诸多方面。

仿真技术可以对整个产品生命周期的各个流程进行建模,帮助企业找到增值能力不强、资源没有充分利用和反应速度不够及时的环节,并提出改进的建议。尤其是针对复杂的生产系统,在数学建模等方法不能提供很好的解决方案时,计算机仿真技术能对整个生产系统进行全局性、系统性的分析,模拟生产系统真实的运作过程,提供切实可行的解决方案。仿真技术的另一个优势是绩效的可量化性。企业的运营管理是通过一系列绩效指标体现出来的，如制造周期、库存周转、按时送货率、资源利用率等。这些指标都可以在仿真模型中得到量化体现，并通过对模型的改进，观察绩效指标的改善情况，指明生产系统改善的方向。此外，仿真技术的可视化和动画界面提供了有效的沟通方式。企业管理者可以通过仿真模型，直观、具体、无误地向其他人员表达对系统的理解和对未来的设想，仿真模型成为企业跨部门和企业之间合作交流的共同平台。

据统计资料显示，2012 年到 2020 年，我国工业增加值由 20.9 万亿元增长到 31.3 万亿元，其中制造业增加值由 16.98 万亿元增长到 26.6 万亿元，占全球比重由 22.5% 提高到近 30%。从 2010 年至 2021 年，我国制造业已连续 11 年位居世界第一，制造业大国地位进一步巩固。随着全球经济化的不断发展和技术的进步，我国正处在产业结构转型升级的时代，现有的技术已不足以支撑经济的快速发展，需要新的技术突破。我国装备制造业升级的巨大压力，源自世界制造强国的高技术优势、国际产业转移态势和国际贸易的新动向，以及我国制造业发展的资源、环境和成本压力的加大；同时，新兴技术加速发展为我国制造业的转型升级提供了关键支撑，随着信息化发展的新阶段——数字时代的降临，云计算、物联网、大数据、人工智能等各种新兴数字化技术正在改变世界，同时深刻影响着制造业的变革和发展方向。从国际国内发展现状来看，我国装备制造业亟待转型升级，由"中国制造"向"中国智造"升级发展。

当今我国企业在许多领域的竞争已经非常激烈，竞争的成败取决于成本、速度和质量。企业都面临着在有限资源的前提下，如何迅速地对客户的需求作出反应，提供高质量的产品和服务的问题。特别是在我国日益成为"世界制造中心"的背景下，提高资源利用效率成为企业提升竞争力的核心因素，我国制造企业需要利用计算机仿真等信息技术降低资源与能源的消耗，提高资源与能源的利用效率，提升企业的竞争力。

1.2 FlexSim 仿真软件的特点及优势

1.2.1 FlexSim 仿真软件的特点

FlexSim 是美国 FlexSim 软件公司在对仿真技术的多年研究及经验积累的基础上开发出来的新一代仿真软件，它集成了计算机三维图像处理技术、仿真技术、人工智能技术和数据处理技术，是一款专门面向生产制造系统、物流供应链系统等领域的仿真软件，利用 FlexSim 系列软件可以建立研究对象的三维（three dimensions, 3D）模型，对模型进行各种系统分析和工程验证，最终获得优化设计或改造方案。

作为新一代的面向对象的仿真建模工具,FlexSim 是世界上第一款在图形建模环境中集成了C++集成开发环境(integrated development environment,IDE)和编译器的仿真软件,在这个软件环境中,C++不但能够直接用来定义模型,而且不会在编译中出现任何问题。这样就不再需要传统的动态链接库和用户定义变量的复杂链接,能使决策者轻易地在个人电脑中建构及监控任何工业和企业的分散式流程。由于 FlexSim 集成了C++,FlexSim 的界面、按钮条、菜单、图形用户界面等都是由预编译的C++库来控制的,因此,用户可以在对象中根据自己的想法改变已经存在的代码,删除不需要的代码,甚至还可以创建全新的对象。最重要的是,在 FlexSim 中可以用C++语言直接创建、修改对象,控制对象的行为活动,进而让建模者构造出更具有层次结构的模型。建立模型的时候,每一个部件都使用继承结构,可以节省开发时间。

FlexSim 具有强大的仿真功能,在 FlexSim 中不但可以同时打开模型和动态仿真窗口,而且仿真过程流畅。在 FlexSim 的三维虚拟中,用户可以使用鼠标来放大、缩小和改变视像的角度。与其他仿真软件一样,FlexSim 也有数据分析功能,包括队列曲线图、柱状图、饼状图等,而且伴随着仿真过程还可以观看数据的动态显示,并且可以将仿真结果输出到微软的 Excel 和 Word 中。除此之外,FlexSim 还可以利用开放式数据库连接(open data base connectivity,ODBC)和动态数据交换连接(dynamic data exchange connectivity,DDEC)直接输入仿真数据,这也是 FlexSim 的独特功能之一。

FlexSim 有一个可以表示几乎所有存在的实物对象的模型仓库,像机器、操作员、传送带、叉车、仓库、交通灯、储罐、箱子、货盘、集装箱、自动堆垛机等都可以用 FlexSim 中的模型表示,同时数据信息也可以轻松地用 FlexSim 丰富的模型库表示出来。用户只需用鼠标从模型库里拖动所需的模型到模型视图里面,就可以实现快速建模,并且每一个模型都有自己的属性窗口,用户可以自行设置对象的属性,通过动态行为窗口,随时观察与对象有关的数据变化情况。除此之外,用户还可以自定义对象,将自定义的对象加入库中,从而方便地在别的模型中使用该对象。FlexSim 提供的基础架构设计不只是要满足使用者现在的需求,其架构的概念更是为了企业的未来而准备。通过 FlexSim 可以实现各种经营、管理、制造等领域模型的真正三维可视化,帮助企业实现资源最优配置,达到产能最大化、排程最佳化、在制品及库存最小化和成本最小化。

FlexSim 具有很强的拓展性。该软件融合了C++语言,用户可以利用C++语言和软件提供的接口与函数自行开发一定的仿真应用程序,用于对特定行业的建模与仿真。同时,FlexSim 中的所有动画都采用开放图形库(open graphics library,OpenGL)技术,可以直接导入 3ds、vrml、dxf 和 stl 等类型文件的选项,而其他仿真软件没有这项功能。FlexSim 内置了虚拟现实浏览窗口，可以让用户添加光源、雾以及虚拟现实立体技术。此外，FlexSim 软件融合了多款第三方软件，如 OptQuest、ExpertFit 及 Visio 等，为用户建模提供了便利，尤其是 FlexSim 可以较容易地连接到任何 ODBC 数据库，如 Oracle，具有通用的数据结构。

FlexSim 已经被应用在系统设计研究和系统日常运作管理中，也被应用于培训和教学领域。FlexSim 可以帮助操作人员和管理人员了解系统是如何运作的，同时也可以了解如果实施替代方案系统将会怎样。FlexSim 还被用来建立交互式模型，这些模型可以在运行中被控制，这样可以帮助讲解和展示在系统管理中固有的因果关系的影响。此外，FlexSim 可以帮助工程师、经理和决策者形象化地在动态三维虚拟现实环境中检测新提议的操作、流程或系统。这对于创建那些可能出现崩溃、发生中断或产生瓶颈的复杂系统是必不可少的。通过预先创建系统模型，可以考察各种假设的场景，同时不会产生改变实际系统时所面临的中断、成本和风险。

目前，FlexSim 不仅已应用于工业自动化仿真、物流中心配送仿真、交通运输仿真、交通流量管制仿真、医疗管理研究、医院动线规划仿真等民用工程领域，也已经应用于先进国防战略仿真、航天制程仿真等大型研究方向。

1.2.2 FlexSim 与其他仿真软件的比较

目前市面上比较成熟的三维物流仿真软件主要有 FlexSim、AnyLogic、Plant Simulation、ExtendSim 等。FlexSim 与其他仿真软件最大的区别在于，FlexSim 在图形建模环境中集成了 C++ IDE 和编译器，具有建模技术面向具体对象、3D 显示效果强大、建模和调试开放简便、模型的扩展性强等优势。常用的仿真软件主要功能介绍见表 1-3。

表 1-3 常用的仿真软件主要功能介绍

软件名称	主要功能
FlexSim	FlexSim 是由美国开发的一款离散事件仿真软件，用于建模、模拟和优化生产、物流、制造、医疗等各种复杂系统的运作过程。它将系统仿真、人工智能、三维图像处理、数据处理等技术集于一身，在物流业、制造业、交通运输业等领域应用广泛。它提供了一个直观的图形用户界面，使用户可以轻松地创建、调整和分析模型，以便更好地理解和改进系统的运行方式。FlexSim 中的对象参数可以表示基本上所有的存在的实物对象，如机器装备、操作人员、传送带、叉车、仓库、集装箱等，同时，数据信息可以用 FlexSim 丰富的模型库表示出来。FlexSim 具有层次结构，可以使用继承来节省开发时间
AnyLogic	AnyLogic 是由俄罗斯开发的一款通用的仿真平台，可以支持多种建模方法，包含 3 种建模与仿真引擎：基于智能体的建模与仿真，适用于大型、复杂的物流系统，描述物流系统内部的多智能体交互；离散事件系统建模与仿真，对离散事件系统模拟不同场景和突发事件，适用于传统离散化的生产制造及仓储物流流程仿真；系统动力学建模与仿真，通过分析复杂系统内部各变量之间的反馈结构关系来研究系统整体行为

续表

软件名称	主要功能
Plant Simulation	Plant Simulation 是由德国公司 Siemens Digital Industries Software 开发的一款专业的制造系统仿真软件,被广泛应用于制造业和物流领域。它被用于模拟和优化制造、物流和生产系统,以提高生产率、降低成本和优化资源利用。其主要功能包括离散事件仿真、资源模拟、排程和优化、人员模拟等
ExtendSim	ExtendSim 是由美国开发的一款仿真工具,用于模拟和分析各种复杂系统的运作。该软件可以帮助组织模拟和分析各种复杂系统,从而优化运作流程、改进决策和提高效率
Vensim	Vensim 是由美国开发的一款用于系统动力学建模和仿真的软件工具,专门设计用于研究和分析动态系统中的因果关系。该软件适用于研究和分析复杂动态系统。它提供了丰富的功能和直观的界面,使用户能够深入了解系统内部的因果关系,并为政策制定、环境管理等领域提供有力的决策支持
AutoMod	AutoMod 是由美国开发的一款离散事件仿真软件,用于模拟和优化制造、物流和生产系统;可完成对制造系统、仓储系统、港口、车站、航空港、配送中心的仿真、评价及优化设计等;具有精确三维建模功能,可进行虚拟现实的动画演示,是基于进程交互的策略、流动实体驱动的仿真软件
Quest	Quest 是由俄罗斯的 Intelligent Software Solutions 公司开发的离散事件仿真软件。它被广泛应用于模拟和分析复杂系统,如制造业、物流、医疗等,以帮助组织优化运营和决策
Demo3D	Demo3D 是由英国开发的一款用于物流和制造系统的仿真软件,它可将摩擦力、重力、阻力、惯性等物理特性融入物流运动过程中,用于模拟和优化物流流程、仓库设计、生产线布局等,以提高效率和降低成本

1.2.3　FlexSim 建模的功能

(1)FlexSim 具有离散型和连续型的混合建模功能。该软件更多地应用于离散型仿真方面,但它也支持连续型生产建模(图 1-1),有专门的流体部件库,有很多应用于炼钢厂、涂料生产厂及石油输送的成功案例。

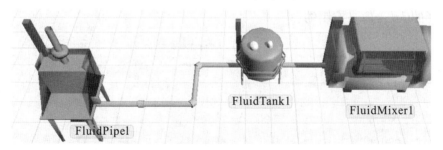

图 1-1　FlexSim 连续型生产三维模型示例

(2)FlexSim 提供平面与三维建模窗口,可以直接将 AutoCAD 的平面布置图导入建模窗口(图 1-2),可完全遵循平面布置图的距离关系建立平面模型,平面模型只要换一个窗口或角度就能形成三维模型,建立二维模型时,同步自动生成三维模型,不需要将二维模型转为三维模型。同样,也可以直接在三维建模窗口建立模型,同步自动生成二维模型,二维建模与三维建模完全同步关联。

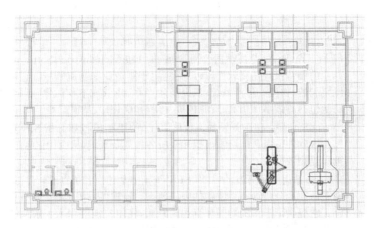

图 1-2　在 FlexSim 中导入 AutoCAD 的平面布置图

(3)FlexSim 提供的部件具有相当的柔韧性,部件的参数设定适应于不同层次的使用者,对于刚入门的使用者,FlexSim 提供了制造业和物流业的常见策略,用户只需要选择和修改数据,就可以实现先进先出、先进后出、随机出入、百分比出入、统计概率出入、最长队列出入、最短队列出入、按品种出入、按标签出入等出入库策略,无须编程。

对于使用熟练者,可以直接用C++编程,实现更复杂的有特殊需求的出入库策略,每个部件都有C++编程接口(图 1-3)。建模人员可以自由地操作部件、视窗、图形用户界面、菜单、选择列表和部件参数,可以在部件里增加自定义的逻辑,改变或删掉既存的编码,也可以从零开始完全建立一个新的部件。不论是设定的部件,还是新创建的部件,都可以保存到部件库中,而且可以应用在其他模型中。最重要的是,在 FlexSim 中可以用C++语言创建和修改部件,同时,利用C++可以控制部件的行为活动。FlexSim 的界面、按钮条、菜单、图形用户界面等都是由预编译的C++库来控制的。

图 1-3　FlexSim 提供了C++语言接口

(4)FlexSim用拖放图形的方法建立模型,它提供固定资源类部件库、任务执行类部件库、流体类部件库以及用户部件库(图1-4)。建模时将相应的部件拖放到模型窗口的指定位置。FlexSim允许用户开发自己的部件并建立自己的部件库,对于使用熟练者,可以手工编制代码来建模。

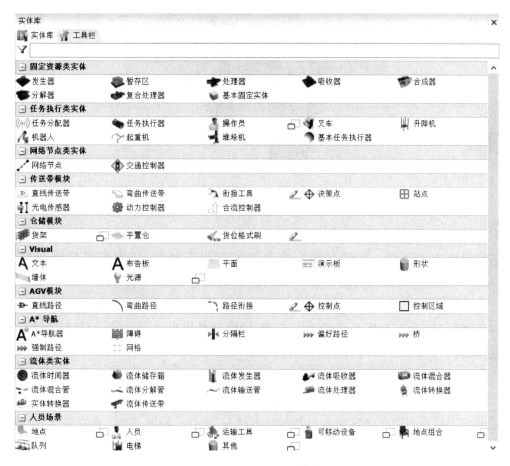

图1-4 FlexSim的实体库

同时,因为FlexSim的部件是向建模者公开的,所以部件可以在不同的用户、库和模型之间进行交换。可移植性与量身定制相结合能带来惊异的建模速度。定制的部件保存在部件库中,建模时只要从部件库中拖放相应部件,就能在新模型中再现这些部件。

(5)FlexSim中所有模型均建立和运行于彩色三维空间中,采用与先进的视频游戏相同的虚拟现实技术。通过简单的点击和拖动,可从任何角度观看模型;通过飞行漫游模块,用户可以随镜头漫游整个模型的运行状况,任意使用全景、局部放大、侧面、反面等漫游技巧;多个窗口可设置不同的视角,仿真运行时,以便同时观察系统的各部分,实现模型的规模化展现。

(6)FlexSim能利用包括最新的虚拟现实图形在内的所有计算机上可用的图

形。如果是扩展名为 wrl、3ds、dxf、stl、skp、dae、obj 等的 3D 立体图形文件，可以直接导入 FlexSim 模型中，模型中的任何部件、背景都可以通过导入图片或立体图形文件的方法替换部件、背景的图片或立体图形(图 1-5)。

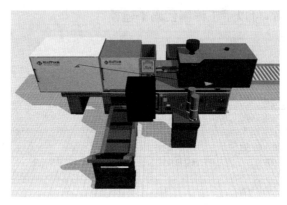

图 1-5　FlexSim 的图形导入

(7)FlexSim 尽管能同时打开多个窗口，但模型都是在集成统一的开发环境中，这种开发环境具有两种表现形式，一种是 3D 或 2D 的视景环境，另一种是树结构的纯文本环境。它们是同一个事物的不同表现形式，方便建模和调试。FlexSim 建模环境同时支持仿真模型的运行、调试等功能。

(8)FlexSim 具有强大的统计与优化功能。FlexSim 自带随机变量发生器，能容易地建立近似于现实系统的数学模型，软件自身提供 40 种以上的统计分布函数，集成了 ExpertFit，具有拟合统计分布函数的功能。

FlexSim 仿真的统计分析数据除在仿真运行环境内显示外，还可以直接导出 Excel 和文本文件形式的报表，提供数据库，以自定义表形式存储报表。FlexSim 在模型运行过程中记录了所有设备的所有状态(工作、等待、阻塞、故障等)的时间数值，以及设备加工产品的数量，用户可以自由组合和输出由这些数据组成的报表。当然，Flexsim 也可以提供设备利用率、单条模型生产线的加工总能力、单个设备的加工能力、设备状态的时长及时间比例、模型瓶颈分析等统计分析功能。FlexSim 可以提供平面和立体饼图、柱状图、折线图、甘特图等多种图形图表，支持数据与图表混合的统计报表(图 1-6)。

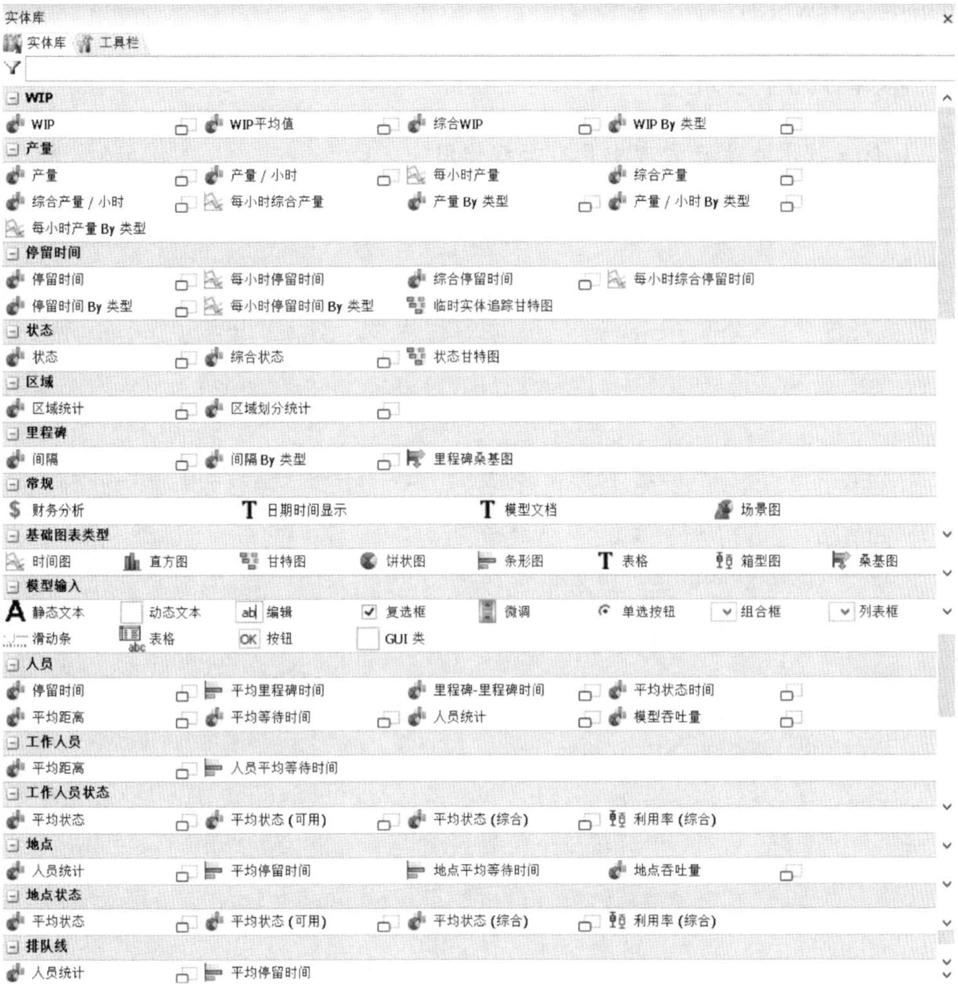

图 1-6　FlexSim 提供的统计功能

FlexSim 能一次完成多套方案的仿真实验。这些方案能自动进行仿真,其结果存放在报告、图表里,这样用户可以方便地利用丰富的预定义和自定义的实验器,分析处理时间、生产量、生产周期、生产费用等变量。同时可以把结果输出到微软的 Word、Excel 等应用软件里,利用开放式数据库连接(ODBC)和动态数据交换连接(DDEC)可以直接对数据库进行数据读写。

此外,优化模块 OptQuest 完全集成于 FlexSim 中,OptQuest 用于仿真优化,即找寻一组最佳的参数值(或决策变量值),使目标函数最优,在仿真模型中执行优化功能。FlexSim 中除模型本身外,模型中的每个部件都提供了编写 C++ 程序的接口,因此也支持嵌入自定义的优化算法。

(9) FlexSim 体系架构具有开放性和互联性。FlexSim 完全与 C++ 相结合,用户可以随时修改 FlexSim 以满足其特定需求,而不必学习专有代码。FlexSim 能够链接到任何 ODBC 数据库(如 Oracle、Access)和大众数据结构文件(如

Text、Excel、Word)。

本章课后习题

1. 仿真技术在生产管理中具有哪些作用?
2. FlexSim 仿真软件的特点有哪些?

第 2 章　FlexSim 仿真软件的基本操作

2.1　FlexSim 仿真软件中的术语

本书以 FlexSim 2020 版为软件平台,介绍 FlexSim 仿真技术在生产运作管理中的应用,为了更好地应用该仿真平台,首先介绍 FlexSim 软件的基本术语和这些术语在常规仿真概念中的运用,以期对后期学习仿真技术有一定帮助。

2.1.1　FlexSim 仿真软件界面

(1)打开 FlexSim,进入建模界面(图 2-1),点击界面中的"New Model",进入工作面板。

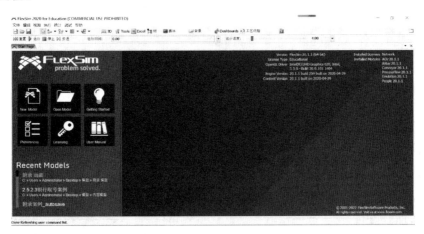

图 2-1　FlexSim 的进入界面

(2)FlexSim 的工作面板界面如图 2-2 所示。

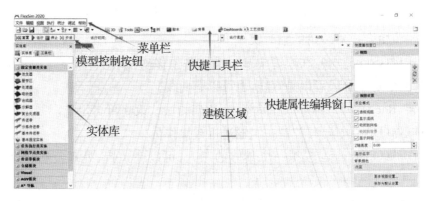

图 2-2　FlexSim 的工作面板界面

2.1.2 FlexSim 实体

FlexSim 的实体在仿真中模拟不同类型的资源。如 Queue 实体可以在仿真中扮演存储区或缓冲区的角色。Queue 可以代表一队人，CPU 中一队空闲处理程序，一个工厂中的地面堆存区，或客户服务中心的等待呼叫的队列。再如 Processor，它模拟一段延迟或处理时间，可以代表工厂中的一台机器，一个为客户服务的银行出纳员，或一个分拣包裹的邮政员工，等等。FlexSim 实体可在实体库中找到。这些实体被分为若干组，默认状态下显示最常用的实体，如图 2-3 所示。

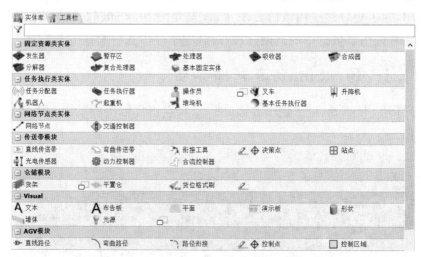

图 2-3 FlexSim 中常用实体

暂存区（Queue）：在下游实体尚不能接收临时实体时暂时储存它们，即缓冲区。

吸收器（Sink）：吸收模型中已被全部处理的临时实体。

处理器（Processor）：模拟对临时实体的处理过程，处理过程仅被模拟为一段强制的时间延迟。

合成器（Combiner）：合成器可把模型中通过的多个临时实体组合在一起，可模拟打包的作业。

分解器（Separator）：分解器用来将一个临时实体分为几个部分，如可用来模拟拆分一个由合成器装盘的临时实体。

输送机（Conveyor）：在模型中沿一系列路径移动临时实体，输送机可以分段来定义路径，每个分段可以是直线，也可以是曲线。

货架（Rack）：将货物存放在货格内，货架的摆放策略可自定义。

分配器（Dispatcher）：控制一组输送机或操作员。

操作员（Operator）：模拟一个具体的工人，可以在预置、处理货物、维修过程中使用它。

运输机（Transporter）：从一个实体向另一个实体搬运货物，如有需要，也可以一次搬运多个货物。

网络节点(NetworkNode):定义运输机和操作员遵循的路径网络。通过使用样条线节点来增加路径弯曲部分,从而改变路径。

可视化工具(VisualTool):采用道具、风景、文字和展示幻灯片来装饰模型空间,目的是给模型提供更逼真的外观。

记录器(Recorder):在模型中以图形的形式记录和显示信息;还可以用记录器来捕获表数据、标准数据和用户定义的数据。

堆垛机(ASRSvehicle):在两排货架间的巷道中往复移动,从/向货格中取/存货物。堆垛机可以充分展示伸叉、提升和行进动作,提升和行进是同时进行的,而伸叉运动在堆垛机停车后再进行。

(1)临时实体。临时实体是那些在模型系统中移动通过的实体。临时实体可以代表零件、托盘、组装部件、纸张、集装箱、人员、电话呼叫、订单,或任何移动通过正在仿真的过程的对象。临时实体可以被加工,也可以被物料运输资源携带通过系统。在 FlexSim 中,临时实体产生于一个发生器(Source)实体。一旦临时实体从模型中通过,它们就被送至 Sink 实体。

(2)端口。每个 FlexSim 的实体都可有多个端口,端口的数量没有限制。实体通过端口与其他实体进行通信,端口有输入端口、输出端口和中间端口 3 种类型。以某暂存区为例,如图 2-4 所示。

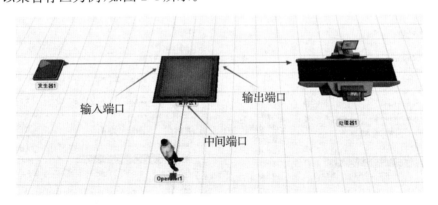

图 2-4 实体的端口

输入端口和输出端口用于设定临时实体在模型中的流动路线。例如,一个邮件分拣器,根据包裹的目的地不同,把包裹放置在几个输送机中的一个上。要在 FlexSim 中模拟这个过程,需要将一个 Processor 实体的多个输出端口连接到几个 Conveyor 实体的输入端口,这表示一旦 Processor(或邮件分拣器)完成对临时实体(或包裹)的处理,将把它送到输送机。

中间端口用来建立一个实体与另一个实体的相关性。中间端口常见的应用是建立固定实体与任务执行类实体之间的关系,这些固定实体包括机器、暂存区、输送机等,可移动实体包括操作员、叉车、起重机等。

端口的创建和连接操作方法是,按住键盘上不同字母,点击一个实体不放,并拖动至第二个实体。如果在点击和拖动过程中按住"A"键,将在第一个实体上生成一个输出端口,同时在第二个实体上生成一个输入端口,这两个新的端口将自动连接。如果按住"S"键,将在这两个实体上各生成一个中间端口并连接这两个新的端口。当按住"Q"键或"W"键时,输入端口与输出端口之间或中间端口之间的连接被断开,端口被删除。表2-1给出了用来建立和断开两类端口连接的键盘字母。

表 2-1　FlexSim 端口连接键位

	输出端口-输入端口	中间端口-中间端口
连接	A	S
断开	Q	W

(3)实体属性和实体参数。

①实体属性。每个 FlexSim 实体都有一个属性视窗和一个参数视窗。作为一个建模人员,需要理解实体属性和实体参数的不同。要修改查看实体属性,右键点击模型视窗中的一个实体并选择属性(或双击某一实体)(图2-5)。某处理器的常规属性界面如图2-6所示,某暂存区的常规属性界面如图2-7所示。

图 2-5　右键实体时出现的菜单

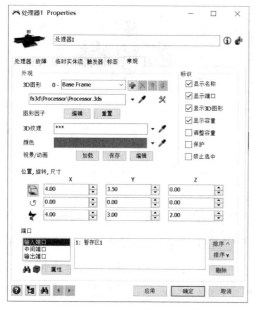

图 2-6　某处理器的常规属性界面

图 2-7　某暂存区的常规属性界面

②实体参数。实体参数根据所选的实体不同稍有区别。由于每个实体在模型中都有特定的功能,因此,必须使参数个性化,从而允许建模人员能够尽可能灵

活地应用这些实体。所有实体的有些分页是相似的,而另一些分页对该实体则是非常特殊的。每个实体所有参数的特定定义可参见 FlexSim 实体库。双击一个实体可访问该实体的参数,实体参数界面示例如图 2-8 所示。

图 2-8 实体参数界面示例

2.2 模型视图

2.2.1 正投影视图与透视视图

FlexSim 采用 3D 建模环境。默认的建模视图是正投影视图,还可以在一个更真实的透视视图中查看模型。通常在正投影视图中搭建模型布局更容易,而透视视图更多地用于展示。不过,可以使用任意一个视图来建立和运行模型。在 FlexSim 中,可根据需要打开多个视窗,但随着打开视窗数量的增加,对电脑硬件的要求也会提高。

2.2.2 树视图

在 FlexSim 中,可使用模型树视图详尽地显示模型结构和实体。选择工具栏中的 树 按钮可以打开模型树视图,如图 2-9 所示。

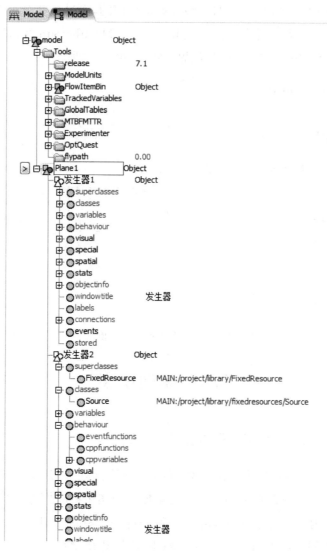

图 2-9　模型树视图

模型树视图是一个具有许多独特点的视图。在此视图中可以：用C++或FlexSim脚本语言来定制 FlexSim 实体；查看所有实体数据；打开参数和属性视窗；编辑模型、删除实体和修改所有数据。

树视图是 FlexSim 中最常用的视图之一。FlexSim 的底层数据结构包含在一个树中。FlexSim 中的许多编辑视窗是从树中过滤出来的一些数据的图形用户界面（graphical user interface, GUI）。由于 FlexSim 中所有树视图的工作方式相同，因此，只要能理解树视图的工作原理，就可以理解并充分利用树结构。

FlexSim 的设计将所有数据和信息都包含在一个树结构中，这个树结构是面向 FlexSim 实体设计的核心数据结构。熟悉C++面向对象编程的人员会把 FlexSim 的树视图视作面向对象数据管理的C++标准。

第 2 章　FlexSim 仿真软件的基本操作

在树视图中,有几个符号能够帮助理解树的结构。整个主树被称为一个项目,一个项目包含库和实体。一个树视图包含所有的视图和 GUI 定义。当保存一个整体(session)时,就是将主树和树视图一起保存。文件夹图标 📁 表示一个完整项目的主要组件。模型是一个主项目的一个组件,库是主项目的另一个组件。在树视图中,实体图标 🔲 用来表示 FlexSim 实体。节点图标 ● 用来指定一个实体内的节点数据。数据节点可以在它们内部包含附加的节点数据。如果一个数据节点的图标左侧有一个 ⊞,表示它有一个或更多的附加数据节点。数据节点可以包含数字的或者字母数字的值。一些特定的数据节点被指定为C++数据节点 ⓒ,它们包含C++代码。可以从一个C++数据节点直接加入C++代码。当点击 Compile 按钮时,此代码将被编译。

数据节点也可以被指定为 FlexScript(FlexSim 脚本)节点,这样的节点可以包含 FlexSim 脚本语言代码,并在运行模型时自动编译。FlexSim 脚本语言命令是预编译的C++函数。FlexSim 脚本语言命令可以在工具栏中选择相应按钮加以查看。

当在树视图中用鼠标点击一个图标、选中一个实体时,树视图将显示实体,如图 2-10 所示。

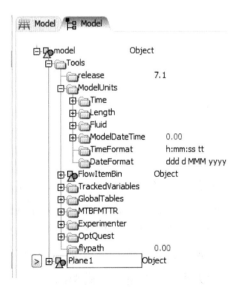

图 2-10　在树视图中选中实体

此时将在实体图标周围显示一个高亮方框,并且在实体图标左边出现一个展开树符号 ▷ 。单击这个展开树符号后,相应实体的数据节点如图 2-11 所示。

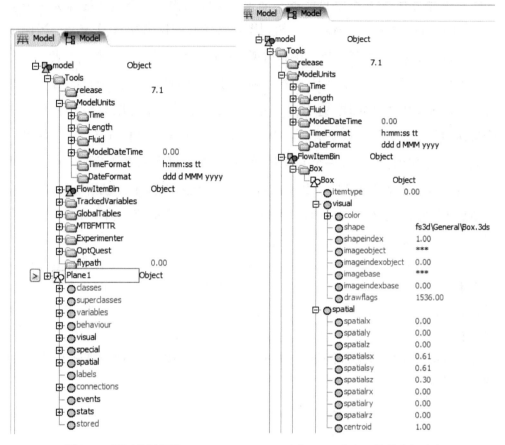

图 2-11　展开的树视图　　　　图 2-12　文本和数值数据节点

随着实体和数据节点的展开,树视图将很快延伸到该视窗的可见窗口之外。FlexSim 允许使用鼠标在窗口中随意移动树。如要在视窗中随意移动树,只要在树的左边单击不放并拖动鼠标,或者使用鼠标滚轮来上下滚动即可。

点击节点图标左边的 田,可以展开数据节点。数据节点可以包含数值或者文本,在节点右边可以看到这些文本信息或者数据的值,如图 2-12 所示。

单击选中想要编辑的节点可以直接编辑数据。如果是一个数值数据节点,可以在这个域段中直接进行编辑,如图 2-13 所示。

树是模型所有数据的储藏室。参数和属性视窗提供了一种更友好的方式来操作树中的数据。虽然可以通过树来完成对模型的编辑,但还是建议用户使用参数和属性视窗,这样可以避免不小心删除模型数据。像在正投影视窗中那样,右键点击或者双击实体图标,可以在树视图中打开参数和属性视窗。

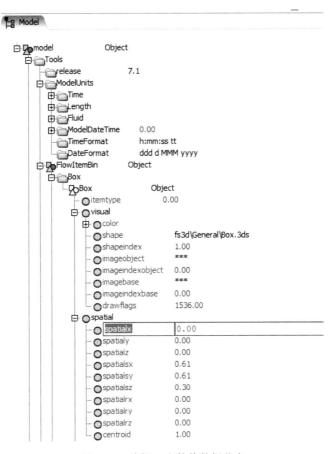

图 2-13　编辑一个数值数据节点

2.3　FlexSim 仿真控件

FlexSim 仿真控件如图 2-14 所示,各控件的功能介绍如下:

图 2-14　FlexSim 仿真控件

重置(Reset):使模型重置。模型中每一个实体都调用重置触发函数,在仿真之前先进行重置。

运行(Run):使仿真模型开始运行。模型时钟连续推进直到模型停止,或不再需要产生任何事件。

停止(Stop):使仿真模型停止运行,同时更新模型中所有实体的状态。如模型不被重置,点击"运行"键可接着被停止的时刻继续运行。

步进(Step):将模型仿真时钟设定到下一个需要发生的事件将要发生的时刻,然后这个事件发生。此控件可以使仿真模型按事件步进。

运行时间(Run Time):用于显示模型运行的当前时间。时间单位为建模时设置的时间单位(秒、分钟等)。

运行速度(Run Speed):此滑块定义实际 1 秒代表 FlexSim 中多少个时间单位。

2.4　FlexSim 仿真软件的仿真步骤

FlexSim 仿真软件的仿真过程通常分为以下六个步骤:

(1)业务模型的简化。先确定入库作业的影响因子,如果所确定的因素是非模型影响因素,则删除该因素值。再通过简化后的业务模型与 FlexSim 所含控件比较,确定所删除的参数是否影响仿真模型的实际运行。重复该简化过程,直到所有因素值被确定。

(2)三维模型的建立。通过 Visio 工具进行模型的布局。通过 FlexSim 的导入功能直接生成三维模型。按照简化后的业务模型,建立各三维实体间的关联。

(3)仿真的数据建模。仿真的数据建模是整个仿真模型的数据驱动。对仿真对象的相关数据进行采集,分析采集的数据,得出近似的数据分布函数。数据建模分为三个步骤:首先,将实际业务中的数据导入 ExpertFit 中,得到各种数据的均值和最值;其次,选择最佳的概率分布函数,并比较选择概率分布函数;最后,确定其分布函数的具体参数。

(4)关联模型并确定参数。通过端口(包括输入端口、输出端口和中间端口)建立各 FlexSim 实体的相互关联,并对各实体涉及的参数进行设置。

(5)编写仿真程序。仿真程序可提高 FlexSim 实体间的关联度和二次开发能力。通过编写程序可以方便地将建模者的不同想法或策略引入仿真模型中。

(6)模型运行和结果输出。模型运行后,可以很直观地通过 3D 动画查看系统的运行状况,或者生成运作绩效报告,并对影响系统运行效率的因素逐一进行分析。

本章课后习题

1. FlexSim 中实体类型有哪些?
2. FlexSim 实体的端口可以有多少个?

第 3 章 生产和服务系统仿真入门案例

3.1 相关理论知识

在介绍简单生产系统仿真案例之前,首先回顾一下生产运作管理的基本概念与相关知识。

3.1.1 生产运作管理的概念

世界上存在各种社会组织,与社会组织生产经营活动直接相关的基本职能有三项:生产运作、理财和营销。生产运作是社会组织最基本的活动,即社会组织将人力、物力和财力投入生产活动中,制造社会所需要的产品,以及为顾客提供所需要的服务。

生产运作管理一直是全世界企业界改进生产率的关键要素之一。要想通过生产运作管理创造竞争优势,首先需要理解生产运作职能如何能够为生产率的提高作贡献。简单地说,生产运作活动是一个"投入→变换→产出"的过程,即投入一定的资源,经过一系列、多种形式的变换,使其价值增值,最后以某种形式的产出提供给社会的过程;也可以说,是一个社会组织通过获取和利用各种资源向社会提供有用产品的过程。其中,投入包括人力、物料、设备、技术、信息、能源、土地等;变换包括物理过程、化学过程、位移过程等;产出包括有形产品(产品)、生产过程、无形产品(服务)、服务过程等。生产运作功能的实质是在转换过程中发生价值增值,生产运作系统如图 3-1 所示。

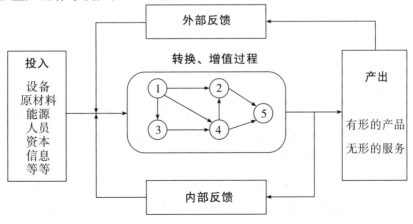

图 3-1 生产运作系统

最初对上述变换的研究主要限于产品变换过程的研究,即对生产制造过程的研究。其相关的学科被称为生产管理学,在西方管理学界称为 Production Management。随着经济的发展、技术的进步以及社会工业化、信息化水平的提高,对提供无形产品的运作过程进行管理和研究的必要性也就应运而生。生产管理的研究范围从制造业扩大到了非制造业。这种扩大了的生产概念,即"投入→产出"的概念,在西方管理学界被称为 Operations,生产管理也被称为生产运作管理或运作管理。制造业和服务业的特点比较见表 3-1。

表 3-1 制造业和服务业的特点比较

制造业	服务业
产品是有形的、耐久的,产出可储存	产品无形、不可触、不耐久,产出不可储存
顾客与生产系统极少接触	顾客与服务系统接触频繁
响应顾客需求周期较长	响应顾客需求周期很短
可服务于地区、全国乃至国际市场	主要服务于有限区域范围内
设施规模较大	设施规模较小
质量易于度量	质量不易度量

3.1.2 流水线生产及其布置形式

(1)流水线生产概述。流水线生产是指加工对象按事先设计的工艺过程依次经过各个工位(工作地),并按统一的生产节拍完成每一道工序加工的一种生产组织方式。这是一种连续的、不断重复的生产过程。

流水线生产的基本特征有以下几点:

① 工作地的专业化程度高,按产品或加工对象组织生产。

② 生产按节拍进行,各工序同期进行作业。

③ 各工作地之间由传送装置连接。

④ 各道工序的单件作业时间与相应工序的设备数比值相等。

$$\frac{t_1}{s_1}=\frac{t_2}{s_2}=\cdots=\frac{t_i}{s_i}=\cdots=\frac{t_m}{s_m}=r$$

式中,t_i 为第 i 道工序的单件作业时间;s_i 为第 i 道工序的设备数;$i=1,2,3,\cdots,m$(m 为一条流水线的工序数)。

⑤ 工艺过程是封闭的,即加工对象全部在线上连续加工,不接受线外加工,且设按工艺顺序成线状连续排列,加工对象在工序间单向连续流动,各工序作业有先后顺序约束,生产过程连续而均衡地进行。

(2)流水线生产布置形式。按生产对象是否移动,可分为固定流水线和移动流水线;按生产品种数量的多少,可分为单一品种流水线和多品种流水线;按生产连续程度,可分为连续流水线和间断流水线;按实现节奏的方式,可分为强制节拍流水线、自由节拍流水线和粗略节拍流水线；按机械化程度，可分为手工流水线、机械化流水线和自动化流水线。

进行流水线的平面布置设计时，应遵循如下一些原则：有利于工人操作方便；在制品运动路线最短；有利于流水线之间的自然衔接；有利于生产面积的充分利用。流水线可分为水平流水线和垂直流水线，如果所有的设备、设施都在同一个车间里，就按照水平方式考虑；当生产作业是在多个楼层辗转时，就按照垂直方式考虑。常见的流水线的形状有直线形、直角形、U形、山字形、S形以及环形（图3-2），每种形状的流水线在工作地的布置上又有单列与双列之分（图3-3）。

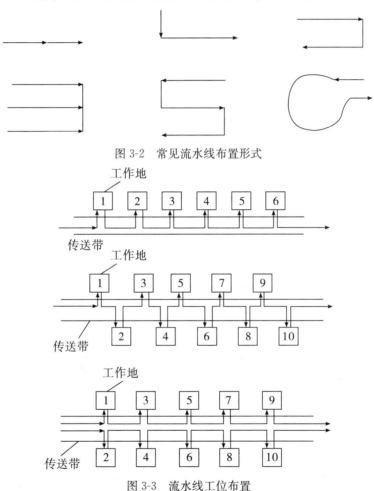

图3-2 常见流水线布置形式

图3-3 流水线工位布置

3.1.3 排队系统及其绩效指标

（1）排队系统。排队系统亦称排队服务系统，是指由一个或多个并联、串联及混联的服务台组成、服务于不同需求的顾客或工作对象，并按给定排队规则确定服务顺序的服务系统。现实中的生产制造和服务系统大多属于排队系统，服务的对象可以是自然人、待完成的工作或待加工的工件。简单的排队系统可以用 A/B/C 表达，A 指顾客到达时间间隔分布，B 指服务时间分布，C 指服务台个数。

在排队论的一般模型中，各个顾客由顾客源（总体）出发，到达机构（服务台、服务员）前排位等候接受服务，服务结束后就离开，队列的数目和排列方式称为排列结构，顾客接受服务所遵照的规则次序称为排队规则和服务规则。从顾客到达机构，到接受服务以后离去，这一从到达到离去的过程就构成了一个排队系统。

(2) 系统组成。排队系统由输入过程、到达规则、排队规则、服务机构的结构、服务时间与服务规划组成。一般还假设到达间隔时间与服务时间均独立服从统计分布的随机变量序列，且这两个序列也相互独立，最常见的两种模型是泊松到达且负指数服务时间的单通道和多通道模型。更具体地说，排队系统包括顾客源、队列和服务机构，它们之间的相互关系如图 3-4 所示。

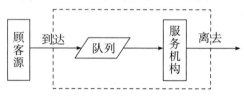

图 3-4 排队系统示意图

(3) 绩效指标。评价一个排队系统的好坏要以顾客与服务机构两方面的利益多寡为标准。对顾客来说，总希望等待时间或逗留时间越短越好，从而希望服务台数量尽可能多些。但是，对服务机构来说，增加服务台数量，就意味着增加投资，增加多了会造成浪费，增加少了会引起顾客的抱怨甚至失去顾客。顾客与服务机构为了照顾自己的利益对排队系统中的 3 个指标[队长、等待时间、服务台的忙期（简称忙期）]都很关心。因此，这 3 个指标也就成了排队论的主要研究内容。

3.2 相关仿真工具及功能

3.2.1 发生器

发生器用来创建模型中的临时实体，每个发生器能创建一种或多种临时实体，它能够给这些临时实体设置属性，如实体类型或颜色。模型中至少有一个发生器，发生器可以按照到达时间间隔、到达规划表或自定义的到达序列创建临时实体。发生器选项卡如图 3-5 所示。

第 3 章 生产和服务系统仿真入门案例

图 3-5 发生器选项卡

按到达时间间隔：表示每隔一段时间，发生器就创建一个临时实体，如此重复下去，直到模型停止。

临时实体种类：用来定义发生器将要创建的临时实体的类型。使用工具菜单中的临时实体箱，可以编辑和查看临时实体类型。

到达方式：当把到达时间间隔选作达到方式时，在这里定义发生器如何创建临时实体。

0时刻到达：如果选中此框，则在 0 时刻创建一个临时实体，将在第一个间隔时间执行之后创建下一个临时实体。

到达时间间隔：用来定义发生器在创建下一个临时实体以前要等待的时间，下拉列表中有多个选项可选（图 3-6）。

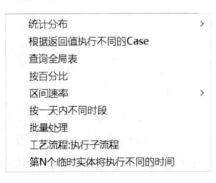

图 3-6 到达时间间隔下拉列表选项

3.2.2 处理器

使用处理器可以模拟临时实体的加工过程，也可以将加工过程解释为强制执行的时间延迟。处理器一次可以处理多个临时实体，总的时间分为预置时间和加工时间，在预置、加工时可以调用操作员。当处理器发生故障时，所有正在加工的临时实体都会被延迟。处理器属于固定实体,是合成器和分解器的父类。它持续地接收临时实体直至达到其最大容量。每个进入处理器的临时实体都将经过一段预置时间和随后的加工时间,这两个过程结束后,释放临时实体。如果最大容量大于1,则并行处理多个临时实体。处理器选项卡如图3-7所示。

图3-7 处理器选项卡

最大容量:定义处理器能够最多同时容纳多少个临时实体。

临时实体走完处理器全长:如果选中此框,临时实体就会随着时间从处理器的一端移动到另一端。如果不选它,进入的临时实体就会出现在处理器的中间位置并保持不动,直到离开。

预置时间:此下拉菜单定义处理器在接收到一个临时实体之后到开始处理此临时实体之前所要等待的时间。

使用操作员进行预置:如果选中此框,那么在它的预置过程中将调用一个或多个操作员。在预置时间结束之后,释放操作员。

预置结束时,使用预置操作员进行加工操作:只有选中"使用操作员进行预置"时,此选项才可视。如果选中此框,在预置时间中被调用的操作员将继续执行加工操作。如果不选中此框,就会释放预置操作员,在加工过程中将调用新操作员。在捡取操作员参数中的特殊捡取选项,可以调用不同的操作员。

加工时间:用于设置处理器加工一个临时实体所要花费的时间。可直接输入加工时间,也可根据统计分布获取加工时间,根据不同返回值设置加工时间等(图3-8)。

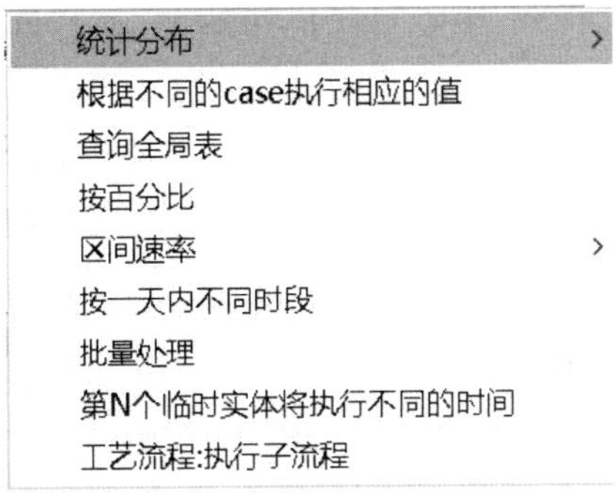

```
统计分布                    ▶
根据不同的case执行相应的值
查询全局表
按百分比
区间速率                    ▶
按一天内不同时段
批量处理
第N个临时实体将执行不同的时间
工艺流程:执行子流程
```

图 3-8　加工时间下拉列表选项

使用操作员进行加工：如果选中此框，那么在加工时间过程中，实体将调用一个或多个操作员。在加工时间结束之后，操作员将被释放。

3.2.3　暂存区

暂存区用来储存不能被下游实体接收的临时实体。暂存区默认的工作方式是先进先出，意思是当下游实体变为可用时，等待时间最长的那个临时实体首先离开暂存区。暂存区设有成批操作的功能，在收集一定数量的临时实体后，一起释放。暂存区属于固定实体，它将持续接收临时实体直至达到其最大容量。如果没设定成批操作，暂存区将会在临时实体到达之后立即释放它，并在释放每个临时实体之前调用收集结束触发器。暂存区选项设置界面如图 3-9 所示。

图 3-9　暂存区选项设置界面

后进先出：如果选中此框，那么暂存区将按照"后进先出"的原则给临时实体排序，否则，它将按照"先进先出"的原则进行排序。

成批操作：定义暂存区的批量操作，如果选中此框，则暂存区将积累多个临时实体，打包为一批后才释放它们到下游去。临时实体的积累将持续进行，直到达到了批量，或者到达了最大等待时间。如此框未被选中，将不进行打包，临时实体一旦发现下游有可用的实体，就立即离开。

目标批量：定义暂存区的批量，只有收集了指定数量的临时实体后，才将它们一次性送往下游实体，否则，临时实体单独离开。

最长等待时间：定义暂存区在将临时实体送往下游之前要等待的最长时间。如果此时间已经结束，但批量数量尚未达到，也将释放当前已经收集的临时实体。如果指定为 0，就没有最大等待时间，换句话说，临时实体将无限等待下去。

一批离开后才接收新的一批：如果选中此框，则暂存区在当前批次离开之前，将不接收新临时实体。

垂直堆放：在实体堆放下拉选项表中，表示临时实体向彼此的顶上堆放。堆放在底部的临时实体在暂存区中的时间最长。

水平堆放：在实体堆放下拉选项表中，表示临时实体将会水平排队。最靠近暂存区输出端口的那个临时实体在暂存区的时间最长。

暂存区内堆放：在实体堆放下拉选项表中，表示临时实体按行堆放在暂存区中。随着排在其前面的产品离开，临时实体会移动自己的位置。如果需要产品位置保持不变，则应将暂存区选为后进先出模式，让最后一个产品总是先离开。

无操作：在实体堆放下拉选项表中，表示所有临时实体放置在暂存区的同一个位置，这会使暂存区看上去只有一个临时实体。

3.2.4 吸收器

吸收器用来消除模型中已经通过全部工序加工的临时实体。一旦临时实体进入吸收器，就不能再恢复。关于即将离开模型的临时实体的数据收集，都应在它进入吸收器之前或在吸收器的进入触发器中进行。吸收器属于固定实体，它将持续接收临时实体，并在它们进入之后立即消除它们。由于吸收器消除所有接收到的临时实体，所以它在临时实体流选项卡里没有任何发送至逻辑。

3.2.5 Dashboard 的使用

模型建立完毕，可通过 Dashboard 直观地展示模型运行情况，它能够有针对性地进行数据的统计和显示。模型运行完毕，在 Dashboard 窗口中可查看图表和统计数据。当需要对比两个实体的时候，它尤其有用。库网格中显示的

Dashboard 图形列表只是个起始点,通过编辑图表的属性,用户可以自定义显示更多的信息。

通过选择工具菜单"添加",就可以在模型中添加一个 Dashboard。点击菜单中的选项,拖拽到 Dashboard 中,或者选择一个选项,直接在 Dashboard 中的任何位置点击,即可显示图表。图表属性菜单会自动出现(图 3-10)。点击"+"按钮可选择要包含在图表中的实体,可以通过这个窗口选择多个实体。点击"选中"按钮,然后点击"确定"按钮。在模型运行之前,图表是空白的,模型运行之后会显示出统计结果。

图 3-10　图表属性菜单

3.3　简单流水线建模与仿真案例

3.3.1　案例背景

有一个部件 A,其加工过程如图 3-11 所示,部件依次经过车床、钻床、铣床及检验台,其中 C1、C2、C3 分别是机器车床和钻床、钻床和铣床、铣床和检验台之间的传送带。

图 3-11　加工过程示意图

在各个加工过程中,车床、钻床、铣床及检验台的单个产品加工时间分别为 3 s、5 s、6 s、4 s,传送带 C1、C2 和 C3 的参数相同,长度均为 10 个单位长度,传送带的速度为 2 m/s,假设部件 A 的存储量足够大,不会因为没有原材料而造成生产中断,原料到达的时间间隔服从均值为 2、标准差为 1 的正态分布。请对该系统进行仿真。

(1)该系统的生产节拍时间为多少?

(2)模型运行仿真 480 s,会产生多少个成品?

3.3.2 建模过程

由各个加工环节的时间可知,该生产系统的节拍为 6 s;从理论上讲,第一个产品下线时间为 3+5+6+4+5+5+5=33(s),故 480 s 可以产生的产品数量为 (480-33)/6+1,约为 75 个。

(1)模型的布局及连线。根据案例背景要求进行实体布局和连线,利用"A"键连接发生器至车床、车床至传送带 1、传送带 1 至钻床、钻床至传送带 2、传送带 2 至铣床、铣床至传送带 3、传送带 3 至检验台、检验台至暂存区,如图 3-12 所示。

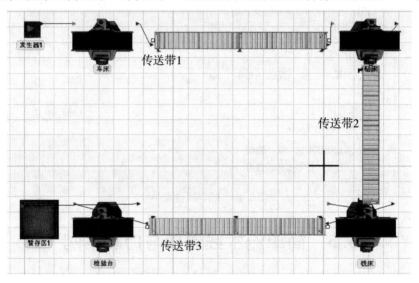

图 3-12 模型布局及连线

(2)实体参数设置。以车床及传送带 1 为例,案例中要求车床的加工时间为 3 s,故对车床按图 3-13 所示进行设置。

图 3-13 机器加工时间设置

同时,要求传送带长度为 10 m,传送带传送速度为 2 m/s(若固定资源类实体中未显示传送带,则需进行设置:单击右上侧文件→全局设置→环境→在实体库中显示经典传送带),故对传送带 1 按图 3-14 和图 3-15 所示进行设置。

图 3-14　传送带速度设置

图 3-15　传送带长度设置

(3)设置模型运行时间,如图 3-16 所示。

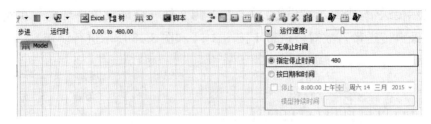

图 3-16　模型运行时间设置

(4)查看仿真结果。黄选(即高亮选中)暂存区,点击容量右侧"钉"按钮,按图 3-17 所示进行设置。

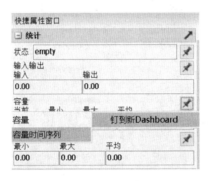

图 3-17　添加统计工具

运行仿真模型可得到仿真结果,如图 3-18 所示;或者黄选模型中的暂存区实体,通过查看快捷属性窗口获取仿真结果,如图 3-19 所示。

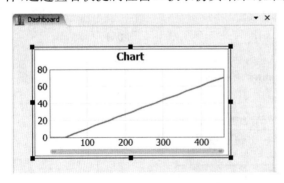
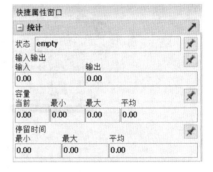

图 3-18　Dashboard 统计结果　　　　图 3-19　快捷属性窗口

思考:该系统的理论产品产出量与仿真结果是否一致?如果不一致,原因是什么?

3.4　银行取号系统建模与仿真案例

3.4.1　案例背景

某银行营业厅共有 3 个服务窗口,每个窗口提供一种服务,且 3 种服务的时间不同,第一种业务所需时间服从均值为60、标准差为5的正态分布,第二种业务所需时间服从均值为80、标准差为6的正态分布,第三种业务所需时间服从均值为120、标准差为20的正态分布。假定顾客达到营业厅服从均值为30的泊松分布,请建立仿真模型,考察该服务系统的相关绩效指标。

3.4.2 建立FlexSim模型

(1)拖拽实体建立模型布局。双击桌面的FlexSim图标,打开软件,可以看到FlexSim菜单、工具条、实体库和正投影模型视窗,如图3-20所示。

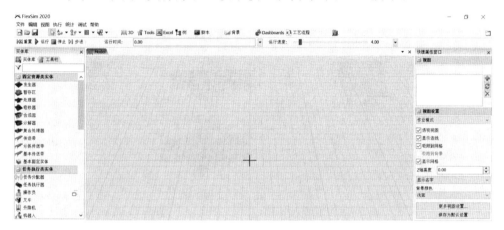

图3-20 FlexSim软件界面

从左边的实体库中拖拽相应的实体进行模型布局,如图3-21所示。

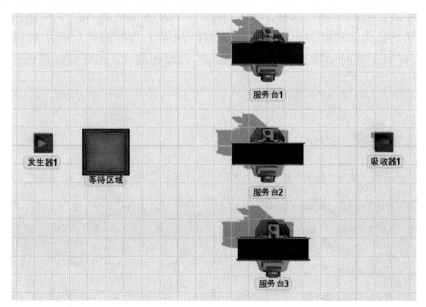

图3-21 模型布局

(2)连接端口。根据流动实体的路径来连接不同固定实体的端口。要将一个实体的输出端口与另一个实体的输入端口连接,首先按住键盘上的"A"键,然后单击第一个实体并按住鼠标左键,拖动鼠标到下一个实体处再松开。此时将会看到在拖动时有一条黄色连线,而松开鼠标后,会出现一条黑色连线。按照上述步骤,利用"A"键完成发生器 1 至等待区域、等待区域至 3 个服务台、3 个服务台至吸收器 1 的连接,连接结果如图 3-22 所示。

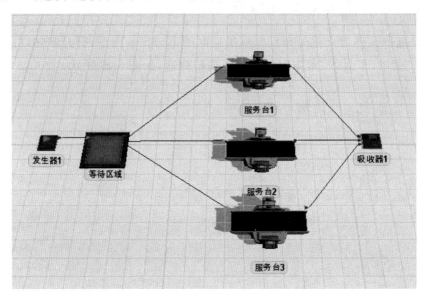

图 3-22　端口连接

(3)给发生器指定临时实体的到达速率。每个实体都有参数视窗,通过该视窗可以添加一定的数据和逻辑关系。双击一个实体可以进入其参数视窗。顾客到达服从均值为 30 的泊松分布,在到达时间间隔中选择泊松分布函数进行相应的设置,同时在临时实体种类中选择"Man",以模拟顾客,如图 3-23 所示。

图 3-23　顾客达到时间间隔设置

第 3 章　生产和服务系统仿真入门案例

(4)设置服务类型。假定顾客进入等待区域时需要选择服务类型,这里通过 duniform(1,3)函数为顾客添加 3 种服务类型的标签,每个流动实体将被随机均匀地赋予 1～3 之间的任意整数值作为其所选的服务类型值。这里在暂存区的进入触发中进行设置,双击打开它的参数视窗,按图 3-24 所示进行设置。

图 3-24　服务类型设置

同时,为了保证各个服务台完成相应的服务类型,需要保证具有特定服务类型标签值的顾客到指定的服务台接受相应服务,故在"等待区域",即暂存区下临时实体流选项卡下设定输出端口为指定端口,根据临时实体顾客的标签值选择输出端口至相应的服务台,具体设置如图 3-25 所示。

图 3-25　指定输出端口

(5)设置各服务台的时间。由于各种服务类型的时间各有差异,因此需要对服务台的服务时间进行具体设置,以服务台 1 为例,该服务台完成服务类型为 1 的服务,服务时间服从均值为 60、标准差为 5 的正态分布,按图 3-26 所示进行设置。同理,设置其他两个服务台的服务时间。

图 3-26　服务时间设置

(6) 运行模型，查看运行结果。至此，我们可以对模型进行编译和运行了，单击主视窗底部的 ![重置] 按钮，然后单击 ![运行] 。

若要停止运行，可随时点击 ![停止] 按钮。若要加快或减慢模型运行速度，可以左右移动视窗底部的仿真运行速度滑动条。

模型运行状况如图 3-27 所示。

第 3 章 生产和服务系统仿真入门案例　41

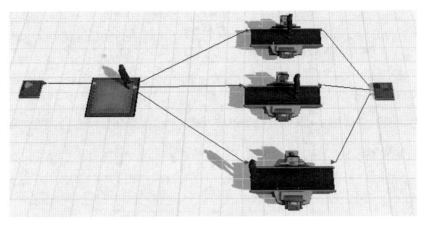

图 3-27　模型运行状况

(7)数据分析。假定要观察 3 个服务台的服务效率,可通过两种方式进行观察。

第一种方法是,在 FlexSim 统计工具下选择 Dashboard 选项卡,并将状态图中的 Pie Chart 拖至 Dashboard 区域,如图 3-28 所示,然后会出现如图 3-29 所示的白框。

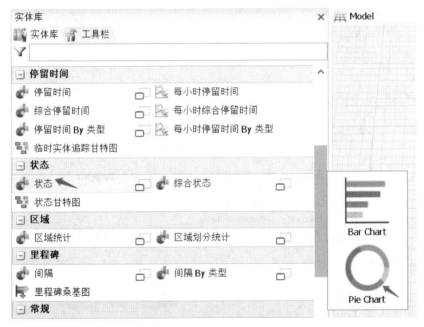

图 3-28　添加 Pie Chart 至 Dashboard

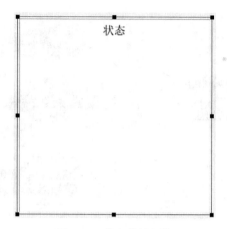

图 3-29　状态统计图标

双击该图标,并添加需要统计的实体,本例中需要统计的是 3 个服务台的服务效率,故添加 3 个服务台在 Dashboard 中进行统计,具体设置如图 3-30 所示。

图 3-30　添加统计对象

这时,在运行仿真模型的过程中,3 台设备的利用率情况也将被可视化显示,如图 3-31 所示。

第 3 章　生产和服务系统仿真入门案例

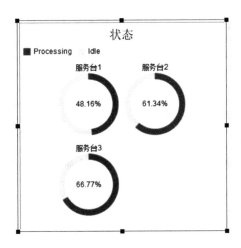

图 3-31　状态统计结果显示

第二种方法是,通过快捷属性窗口快速查看相应实体的状态,如在模型建模区域中点击服务台 1,则会出现该服务台的快捷属性窗口,在快捷属性窗口中可以查看该实体的相关参数,如图 3-32 所示。

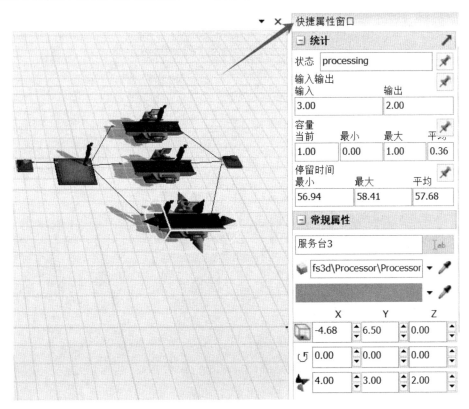

图 3-32　快捷属性窗口

本章课后习题

在银行取号系统建模与仿真案例中,通过仿真实验找到该服务系统的瓶颈所在,并回答如下问题:

(1)一天当中平均等待的顾客数量为多少?

(2)如何提高系统的服务效率?

(3)如何查看该服务系统在指定的时间内服务的顾客数量?

第4章 简单生产系统建模与仿真

4.1 相关理论知识

4.1.1 生产运作的分类

按照输出物的性质,生产运作分为制造型生产(产品生产)和服务运作。其中,制造型生产是指通过物理的或化学的作用将有形输入转化为有形输出的过程。具体而言,制造型生产又可以分为不同的生产类型。

(1)按生产的重复程度分类。①大量生产运作。大量生产运作品种单一,产量大,生产运作重复程度高。美国福特汽车公司曾连续19年始终坚持生产T型车一个车种,这是大量生产运作的典型例子。②单件生产运作。单件生产运作与大量生产运作相对立,是另一种极端。单件生产运作品种繁多,每种仅生产一个,生产的重复程度低。汽车公司冲模厂生产的汽车模具、法庭上律师的辩护,都是典型的单件生产运作。③成批生产运作。成批生产运作介于大量生产运作与单件生产运作之间,即品种不单一,每种都有一定批量,生产运作有一定的重复性。

(2)按工艺特点分类。①流程式生产,指工艺过程连续的生产,如炼油、化工、冶金、食品、造纸等行业的生产,其特点为地理位置集中、生产自动化程度高、协作与协调任务少。②加工装配式生产,指工艺过程离散的生产,如机床、家用电器、计算机、汽车等产品的生产,其特点为地理位置分散、协作关系复杂、生产管理任务重。

(3)按组织生产特点分类。①备货式生产(make-to-stock,MTS),如化肥生产、炼油、制皂,加工装配式生产的轴承、紧固件、小型电动机、快餐等产品的生产。②订货式生产(make-to-order,MTO),即按订单制造,如飞机、船舶等产品的生产。

服务运作是指非制造性生产,其基本特征是不制造有形产品,但有时为实现服务而必须提供有形产品。服务行业多从事劳务性生产。按照不同分类标准,可以将其分为不同的类型。

(1)按照是否提供有形产品,服务运作可以分为纯服务运作和一般服务运作,前者如咨询服务、法庭辩护、指导和讲课;后者如批发、零售、邮政服务、运输服务、图书馆书刊借阅等。

(2)按照顾客是否参与,服务运作可以分为顾客参与的服务运作和顾客不参与的服务运作,前者如理发、保健、旅游、客运、学校教学、娱乐等,若没有顾客的参与,服务不可能进行;后者如修理、洗衣、邮政服务、货运等。

4.1.2 从价值链理论看生产运作管理的实质

迈克尔·波特说:"把企业作为一个整体来看待,是无法理解企业的竞争优势的。"根据波特所提出的价值链理论,企业的价值活动可以被划分为两大类九项活动,一类是基本活动,另一类是支持性活动,如图4-1所示。基本活动涉及企业生产、销售、进料后勤、发货后勤和售后服务,支持性活动涉及人力资源管理、财务、计划、研究与开发、采购等,基本活动和支持性活动构成了企业的价值链。在不同的企业参与的价值活动中,并不是每个环节都创造价值,实际上只有某些特定的价值活动才真正创造价值,这些真正创造价值的经营活动就是价值链上的"战略环节"。企业要保持的竞争优势实际上就是企业在价值链某些特定的战略环节上的优势。竞争优势来源于企业在设计、生产、营销、交货等过程和辅助过程中所进行的活动,因此,生产运作环境是企业竞争优势的重要来源。

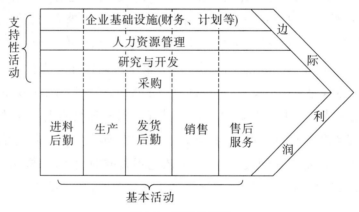

图 4-1 波特价值链

4.1.3 生产运作管理的主要内容及目标

生产运作管理的主要内容包括四个方面,分别是生产运作战略的制定、生产运作系统的构建管理、生产运作系统的运行管理及生产运作系统的维护与改进。各部分的具体内容如下:

(1)生产运作战略的制定。生产运作战略决定产出什么,如何组合各种不同的产出品种,为此需要投入什么,如何优先配置所需要投入的资源要素,如何设计生产组织方式,如何确立竞争优势,等等。其目的是为产品生产及时提供全套的、能取得令人满意的技术经济效果的技术文件,并尽量缩短开发周期,降低开发费用。

(2)生产运作系统的构建管理。生产运作系统的构建管理包括设施选择、生产规模与技术层次决策、设施建设、设备选择与购置、生产运作系统总平面布置、车间及工作地布置等。其目的是以最快的速度、最少的投资建立起最适宜企业的生产系统主体框架。

(3)生产运作系统的运行管理。生产运作系统的运行管理是对生产运作系统的正常运行进行计划、组织和控制。其目的是按技术文件和市场需求,充分利用企业资源条件,实现高效、优质、安全、低成本生产,最大限度地满足市场销售和企业盈利的要求。生产运作系统的运行管理包括三方面内容:①计划编制,如编制生产计划和生产作业计划;②计划组织,如组织制造资源,保证计划的实施;③计划控制,如以计划为标准,控制实际生产进度和库存。

(4)生产运作系统的维护与改进。生产运作系统只有通过正确的维护和不断的改进,才能适应市场的变化。生产运作系统的维护与改进包括设备管理与可靠性、生产现场和生产组织方式的改进。生产运作系统运行的计划、组织和控制,最终都要落实到生产现场。因此,要加强生产现场的协调与组织,使生产现场做到安全、文明生产。生产现场管理是生产运作管理的基础和落脚点,加强生产现场管理,可以消除无效劳动和浪费,排除不适应生产活动的异常现象和不合理现象,使生产运作过程的各要素更加协调,不断提高劳动生产率和经济效益。

生产运作管理的目标是高效、低耗、灵活、清洁、准时地生产合格产品或提供满意服务。高效是对时间而言的,指能够迅速地满足用户的需要,在当前激烈的市场竞争条件下,谁的订货提前期短,谁就更可能获得用户;低耗是指生产同样数量和质量的产品,人力、物力和财力的消耗最少,低耗才能低成本,低成本才有低价格,低价格才能争取用户;灵活是指能很快地适应市场的变化,生产不同的品种和开发新产品,或提供不同的服务和开发新的服务;清洁是指对环境没有污染;准时是指在用户要求的时间、数量范围内提供所需的产品和服务。

4.1.4 生产管理的发展趋势

随着科学技术的迅猛发展和社会价值观念的深刻变化,以及消费需求日益多样化和个性化,产品更新换代的速度大大加快,产品的生命周期越来越短。因此,工业化时代以刚性自动化技术为基础的单一品种大规模的生产方式越来越不能适应市场需求的变化,正在转向多品种小批量的新生产时代。这种新的生产方式是先进制造技术和现代管理方法完美结合的结果,表现为以下八个方面:

(1)成组化。成组技术(group technology,GT)是根据性能和外观不同的产品之间零部件和工艺具有相似性的特点,按结构和工艺的相似性原则进行分类编组,以零件组为中心组织生产和管理的一种方法。从零件编码到零件设计、工艺设计、单元设计和作业计划，形成一个成组技术系统。成组技术的应用大大缩短了产品的生产周期，减少了在制品数量和成品、半成品库存量，且简化了生产管理，降低了由生产品种多带来的管理难度。

(2) 并行化。并行工程(concurrent engineering, CE)是相对于传统的顺序工程而言的，其基本思想是尽可能用并行的方式代替顺序的方式，来优化工作流程，达到缩短生产周期的目的。它要求在产品设计的时候就充分考虑到工艺、制造、装配、检验、维护、可靠性、成本、质量控制等产品生产周期内的所有因素，甚至还要考虑产品销售、维修、报废和回收等方面的要求。所以，在研究开发过程中，成立以产品为导向的，包括市场部、财务部、设计部、工艺部、采购部、制造部、销售部等部门的项目小组，共同进行设计，以便一次性地取得最优设计方案。

(3) 柔性化。柔性制造系统(flexible manufacturing system, FMS)是为满足生产品种变换频繁的需求，使设备和整个生产线具有灵活性，形成以计算机控制，由若干半独立的工作站和一个物料传输系统组成，以模块化和分布式制造单元为基础的，以信息为主、与批量无关的可重构的先进制造系统。这种分布式、单元化自主管理的制造系统中每个单元都有一定的决策自主权，有自己的指挥系统进行计划调度和物料管理，形成局部闭环调节回路，因而具有相当的灵活性。

(4) 敏捷化。敏捷制造(agile manufacturing, AM)系统是指将先进的柔性制造技术、熟练掌握生产技能且有知识的劳动力和企业内部的灵活管理三者集成在一起，直接面向用户不断变化的个性化需求，完全按订单生产的可重新编程、重新组合、连续更换、信息密集的制造系统。敏捷制造在管理上还具有组织上的柔性，它改变了传统的金字塔式的多级管理的静态结构，采用多变的动态组织结构，以内部多功能项目小组或虚拟公司的形式，把企业内部优势和其他企业的多种优势力量集合到一起，从而使每个项目都选用将产生最大竞争优势的管理工具，赢得竞争。

(5) 准时化。准时化(just-in-time, JIT)生产方式是根据有效利用多种资源、最大限度地降低成本的生产准则，在需要的时间和地点，生产必要数量和完善质量的产品和零部件，以杜绝任何超量生产，消除一切无效劳动和浪费，达到以最少的投入实现最大产出目的的一种先进生产方式。它不断地追求最优的生产系统设计和最佳的操作方法，以零缺陷为目标改善产品质量，以零库存为目标降低产品成本。

(6) 精益化。精益生产(lean production, LP)是以整体优化为基础，科学合理地组织与配置企业拥有的生产要素，重点是精简一切不必要的生产环节和组织机构，消除生产过程中的一切不产生附加价值的劳动和资源；以人为中心，以尽善尽美为最终目标的一整套与企业内外环境相适应，将企业文化、技术运用方式和管理方法高度融合的综合生产体系。精益生产集中体现了现代生产管理的新思想、新观念,综合运用了现代管理最先进的方法和手段。

(7)信息化。应用信息技术,采取现代化管理工具,把企业作为一个有机整体,从整体优化的角度出发,通过应用科学的管理方法,把企业中的人、财、物、产、供、销等多种资源实行合理有效的计划、组织、控制和调整,使之充分发挥作用,既实现连续均衡的生产,又最大限度地降低成本,提高企业的生产管理水平和经济效益。

(8)集成化。计算机集成制造系统(computer integrated manufacturing system,CIMS)是在自动化技术、信息处理技术和现代制造技术的基础上,通过计算机网络及软件将制造工厂包括设计、制造、装配、质量保证、物料传送等全部生产活动所需的各种分散的自动化系统有机地集成在一起,形成一种高效率、高柔性的智能化制造系统。从管理技术和方法上看,计算机集成制造系统将准时化生产、精益生产、并行工程等技术部分或全部集成进来,达到了一个崭新的水平;从功能上看,计算机集成制造系统将市场分析、预测、经营决策、产品设计、工艺设计、加工制造等企业的一切生产经营活动集成为一个良性循环的管理系统,使企业的管理水平达到一个前所未有的高度。

以上是关于生产系统相关知识的简单介绍,本章将重点以组装生产线仿真及带返工问题的生产系统仿真为例,对简单生产系统的仿真进行介绍。

4.2 相关仿真工具及功能

4.2.1 合成器

(1)合成器的功能。合成器用来把模型中的多个临时实体组合在一起。它可以将临时实体永久地合在一起,也可以将它们打包,在以后某个时间点上再拆分。合成器先从第一个输入端口接收一个临时实体,然后从其他输入端口接收临时实体。用户指定从输入端口2或更大序号的端口接收的临时实体的数量,只有当用户指定数量的临时实体全部到达后,才开始预置或加工操作。在预置、加工和维修期间,可以调用操作员。

操作过程中,在其他临时实体到达之前,必须先从第一个输入端口接收一个临时实体。然后,根据组成列表收集一批临时实体。这个组成列表指定了每个批次分别要从每个输入端口(除第一个端口外)接收的临时实体的数量。组成列表的第1行是从输入端口2接收的临时实体数量,第2行对应输入端口3,以此类推。当有新实体连接到合成器时,组成列表会自动更新。

合成器有打包、装箱和批处理三种操作模式。在打包模式下,合成器将从除输入端口1之外的其他输入端口接收所有临时实体,并把它们全部移入从输入端口1接收的临时实体中,然后释放。在装箱模式下,除从输入端口1接收的那个临时实体外,合成器将破坏掉其余所有的临时实体。在批处理模式下,当收集了一批临时实体并执行了预置和加工操作之后,就马上释放。

关于从输入端口1接收多个临时实体的说明:合成器一般会从输入端口1接收一个临时实体。如果采用装箱或批处理模式,可能需要从输入端口1接收多个临时实体。这里有两种办法。最简单的做法是将上游实体同时连接到合成器的输入端口1和2,然后,在组成列表中的第一行中输入一个比所需要收集的临时实体数少1的值,则合成器将从输入端口1接收1个临时实体,从输入端口2接收剩余数量的临时实体。如果这种方法不适用,可采取另一种方式,给模型添加一个发生器,将其连接到合成器的输入端口1,把时间间隔设为0。从同一上游实体接收多种类型的临时实体,如果有一个上游实体,它可容纳多种类型的临时实体,而用户需要在合成器的组成列表中分别接收不同类型的临时实体,则可以将上游实体的多个输出端口与合成器的多个输入端口连接。例如,合成器从上游的处理器接收类型分别为1和2的临时实体,需要收集4个类型1和6个类型2的临时实体,将其放到托盘上。要实现这个过程,首先将产生托盘的发生器连接到合成器的第一个输入端口。然后,将处理器的输出端口1连接到合成器的输入端口2,输出端口2连接到合成器的输入端口3。将处理器的发送策略指定为按临时实体类型发送。在合成器组成列表中,在对应输入端口2的那一行输入4,在对应输入端口3的那一行输入6。

(2)合成器菜单选项卡(图4-2)。

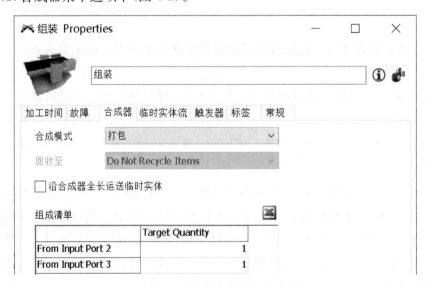

图4-2 合成器菜单选项卡

组成清单:定义每种类型的临时实体的收集数量。合成器把从输入端口1进入的临时实体作为容器,每次合成操作只从这个端口接收一个临时实体。其他行

第4章 简单生产系统建模与仿真

代表从输入端口1之外的其他端口进入的临时实体数量。如果在窗口打开的情况下添加连接,需要先关闭,再次打开之后才能更新这个表格。要在模型中动态更新这个列表,可以在进入触发中选择使用更新合成组件列表。

目标数量:定义每一次合成操作需要从相关输入端口接收的临时实体的数量。

合成模式:用于选择合成器的作业模式,包括打包、合成和批处理。

回收至(仅合成模式):在合成模式中,加工结束之后,从大于1的输入端口进入的实体将被销毁。如果不想摧毁这些实体,可以使用这个选项将它们收集到一个回收站里。要想获取更多回收利用的信息,可参考吸收器选项卡。

空闲:表示合成器没有从输入端口1接收第一个临时实体。

收集:表示合成器已从输入端口1接收到第一个临时实体,正在收集余下的临时实体。

4.2.2 标签

(1)标签的功能。使用FlexSim建模时,标签是一个重要概念,实体上的标签用于存储数据,通常使用标签在实体上存储数据,然后访问数据以便在模型中作出决策。用户可自定义每一个标签,标签既可以在临时实体上定义,也可以在固定实体上定义,用户可以在一个实体上定义多个标签,标签存储的数据可以是一个数值,也可以是字符串,甚至是一个表格。

临时实体指定的标签值将会成为所有临时实体的默认值,在它们通过模型的过程中,可以对单个临时实体的标签值进行修改。对于FlexSim实体的标签,标签值将保持不变,除非实体中有修改标签值的逻辑。标签值自己不会自动重置,除非选中标签选项卡上的"自动重置标签"按钮。可以在实体的重置触发器中添加用于重置标签值的代码,重置模型时,两种方式都可以将标签值返回到它的初始值。

(2)标签的使用方法。标签的添加方法主要有两种:一是在实体上直接添加标签,如图4-3所示;二是在触发器代码中写入标签,如图4-4所示。标签的获取一般采用代码的方式,例如获取临时实体的type值,可在条件选项中输入代码"item.type"或"item.labels["type"].value"。

图 4-3　在实体上直接添加标签

图 4-4 为在合成器的进入触发中为临时实体添加名为"type",值为 1 的标签。

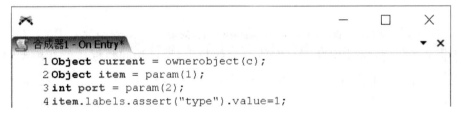

图 4-4　在触发器代码中写入标签

4.2.3　可视化工具

可视化工具采用道具、风景、文字和展示幻灯片来装饰模型空间,目的是给模型提供更逼真的外观。它们可以是简单的彩色方框、背景图,或者是精细的 3D 模型、幻灯片。可视化工具的另一种用法是用作模型中其他实体的容器实体。当用作容器时,可视化工具就成为一个分级组织模型的便利工具。容器也可以保存在用户库中,作为将来开发模型的基本建模模块。可视化工具库如图 4-5 所示。

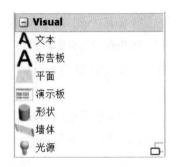

图 4-5　可视化工具库

文本:3D 可视化文本可以添加到模型中用来显示标签、统计数据或其他模型信息。当可视化显示设置为文本时,将会呈现一个下拉菜单,提供想要显示的文本选项(图 4-6)。选项包括仿真日期和时间、实体统计、状态百分比、输出数量、输入数量及其他。如果在下拉菜单中选择了需要进行统计的选项,则必须将可视化工具的中间端口连接到想要显示此信息的实体。选择代码模板按钮即可对文本进行编辑。

第 4 章　简单生产系统建模与仿真

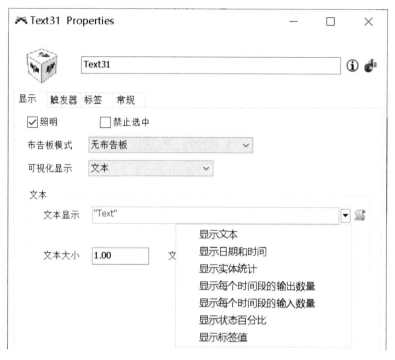

图 4-6　文本下拉菜单

布告板：与文本功能相似，用来显示统计信息与模型信息。不同的是，布告板相当于固定在屏幕上，整体移动模型界面时布告板不会移动，文本则相反。

平面：平面可以定义为背景，如 AutoCAD 布局、纹理或图片，或者要在模型中特定部位贴补的颜色。平面是可视化工具的默认显示。只需要设定平面的尺寸，然后选择纹理即可。纹理在垂直和水平方向上重复。

演示板：将可视化工具用作演示幻灯片，与使用幻灯片制作 PowerPoint 演示文稿很相似。演示幻灯片放置在模型中，用以展示数据、模型结果和其他演示要点。

当可视化显示被设置为"幻灯片"时，显示选项卡上会出现更多的选项（图 4-7）。点击 ✚ 按钮，向幻灯片添加一行新文本。第一行文本的标签为"文本 1"，是幻灯片的标题。幻灯片添加的其他文本全部作为文本行。

例如，如果要向幻灯片添加四个文本，如图 4-8 所示，文本就会排列在幻灯片上的给定位置。可以使用文本显示框修改文本的内容，还可以修改文本尺寸和文本颜色。通过在下拉列表中选择想要显示的文本，也可以通过使用文本显示列表、文本尺寸、文本颜色等修改已经显示的文本。可以在"显示"选项卡上选择纹理，来定义幻灯片的背景，或者通过在"常规"选项卡上选择颜色来修改背景颜色。

图 4-7 幻灯片选项卡

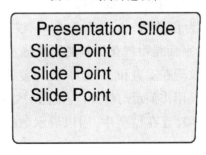

图 4-8 幻灯片样式

形状:包括立方体、圆柱形和球形。立方体、圆柱形或球形是简单的形状,可以像平面一样设置纹理,也可通过形状导入外部 3D 模型或者实体。FlexSim 支持多种 3D 形状的文件格式,如 3D Studio Max(.3ds,.max)、VRML(.wrl)1.0、3D DXF(.dxf)和 StereoLithography(.stl)。

墙体:用于厂房内的区域划分或者充当厂房墙壁,墙体有不同纹路,玻璃、铁网、砖墙等可根据需要自行选择。

光源:有点光源、面光源、方向光源等形式,当使用光源时,除光源外,其余建模区域会变成黑色,主要用于突出显示。

4.3 组装生产线建模与仿真案例

4.3.1 案例背景

某工厂有一个流水加工生产线,如图 4-9 所示,不考虑其流程间的空间运输,对其各道工序流程进行建模。

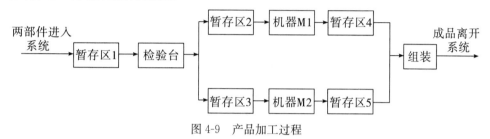

图 4-9 产品加工过程

该加工系统的流程与相关参数如下:

(1)两种工件 A 和 B 进入系统的时间间隔分别服从时间单位为分钟的 normal(10,2)和 uniform(3,50)分布函数,先进入暂存区 1。

(2)两种工件均由同一个操作工人进行检验,每件检验用时 2 min。

(3)工件 A 送往机器 M1 加工,如需等待,则在暂存区 2 中等待;工件 B 送往机器 M2 加工,如需等待,则在暂存区 3 中等待。

(4)工件 A 在机器 M1 上的加工时间服从时间单位为分钟的 uniform(3,6)分布函数,工件 B 在机器 M2 上的加工时间服从时间单位为分钟的 normal(5,1)分布函数。

(5)一个工件 A 和一个工件 B 在组装机器上装配成产品,所需时间服从时间单位为分钟的 normal(5,1)分布函数,装配完成后离开系统。

(6)如装配机器繁忙,则工件 A 在暂存区 4 中等待,工件 B 在暂存区 5 中等待。

(7)仿真该系统连续运行 1 个月的情况。

4.3.2 建模过程

(1)模型布局及连线。在进行模型布局与连线之前,首先对模型的时间单位、长度单位等进行设置,FlexSim 中默认的时间单位为秒,长度单位为米,此案例中的时间单位为分钟,故需要将模型中的时间单位修改为分钟,具体设置如图4-10所示。

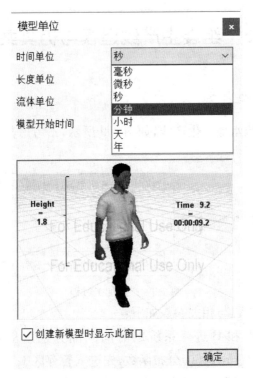

图 4-10　模型中相关单位设置

根据图 4-9 所示进行布局,利用"A"键分别连接发生器 1 至暂存区 1,暂存区 1 至检验台,检验台至暂存区 2 和暂存区 3,暂存区 2 至机器 M1,暂存区 3 至机器 M2,机器 M1 至暂存区 4,机器 M2 至暂存区 5,暂存区 4 至组装,暂存区 5 至组装,组装至吸收器 1,连线结果如图 4-11 所示。

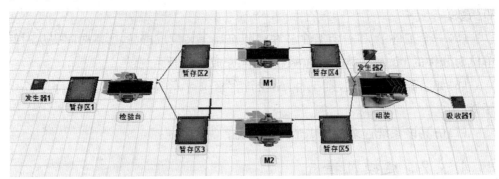

图 4-11　模型布局及连线

(2)设置两种部件的到达时间间隔。案例中要求两种工件 A 和 B 进入系统的时间间隔分别服从时间单位为分钟的 normal(10,2) 和 uniform(3,50) 分布函数,故在发生器创建触发中设置两种产品类型,并标以不同的颜色,如图 4-12 所示,然后分别设置两种产品进入系统的时间间隔,如图 4-13 所示。

第 4 章 简单生产系统建模与仿真

图 4-12 设置两种产品类型及颜色

图 4-13 两种产品各自的到达时间间隔

(3)设置部件在检验台的检验时间及临时实体流向。案例中要求两种工件均由同一个操作工人进行检验,每件检验用时 2 min,故按图 4-14 所示进行设置。

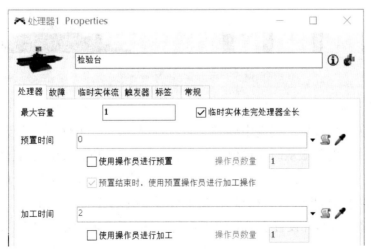

图 4-14 检验台检验时间设置

同时，工件 A 送往机器 M1 加工，如需等待，则在暂存区 2 中等待；工件 B 送往机器 M2 加工，如需等待，则在暂存区 3 中等待，故按图 4-15 所示进行设置。

图 4-15 根据产品类型选择输出端口

(4) M1 及 M2 的加工时间及临时实体流向设置。案例中要求工件 A 在机器 M1 上的加工时间服从时间单位为分钟的 uniform(3,6) 分布函数，如图 4-16 所示，工件 B 在机器 M2 上的加工时间服从时间单位为分钟的 normal(5,1) 分布函数，如图 4-17 所示，并设置临时实体流发送至端口为"第一个可用"。

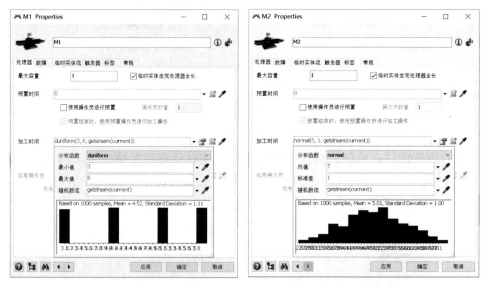

图 4-16 机器 M1 加工时间　　图 4-17 机器 M2 加工时间

(5) 组装工序设置。案例中要求一个工件 A 和一个工件 B 在组装机器上装配成产品，所需时间服从时间单位为分钟的 normal(5,1) 分布函数，具体设置如图 4-18 和图 4-19 所示，装配完成后离开系统。这里需要使用合成器，合成器的第一个进入端口进入这里设置为托盘，托盘上放置工件 A 和工件 B，故添加一个发生器，如图 4-20 所示，并设置合成器的进入端口顺序及合成数量，如图 4-21 所示。

第 4 章 简单生产系统建模与仿真

图 4-18 合成器的加工时间设置

图 4-19 合成器合成列表

图 4-20 发生器 2 产生托盘

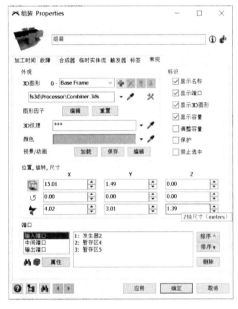

图 4-21 合成器端口设置

(6)设置仿真时间并查看仿真结果。案例中要求模型运行 1 个月,因此仿真时间为 30×8×60 min=14400 min,具体设置如图 4-22 所示。至此,整个模型设置完成,点击运行可以看到该生产线运行 1 个月的结果。

图 4-22 模型停止时间设置

4.4　带返工问题的生产系统建模与仿真案例

4.4.1　案例背景

产品每隔 15 s 到达暂存区，服从指数分布。产品的类型分为 4 种，分别是类型 1、类型 2、类型 3 和类型 4，它们所占比例分别为 20%、30%、40% 和 10%。产品到达某一台处理器进行加工，每台设备加工一种类型的产品。

首次加工的产品的加工时间服从时间单位为秒的 uniform(80,100) 分布函数。第二次进行加工的产品的加工时间服从时间单位为秒的 uniform(120,140) 分布函数。产品加工完毕后，进入检验台进行检测，检测时间为 10 s。

检查通过的产品直接离开模型。不合格的产品通过传送带返回到第一个暂存区进行再次加工。不合格产品的比例为 10%。暂存区 1 中，再次加工的产品具有优先级。

4.4.2　建模过程

(1) 创建实体并设置连接。根据案例要求进行实体布局，如图 4-23 所示。

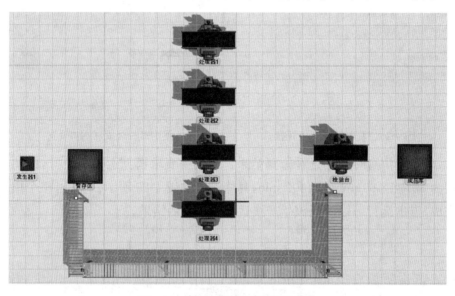

图 4-23　带返工生产系统仿真布局

利用"A"键分别连接发生器 1 至暂存区，暂存区至处理器 1、处理器 2、处理器 3、处理器 4，4 台处理器至检验台，检验台至成品库，检验台至传送带，传送带至暂存区，连线结果如图 4-24 所示。

第 4 章　简单生产系统建模与仿真

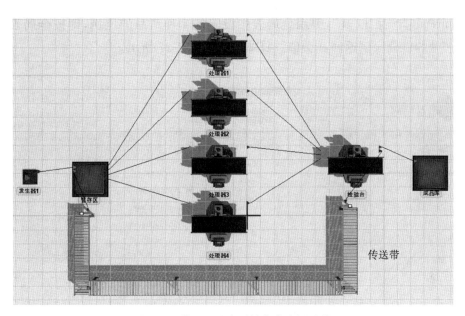

图 4-24　带返工生产系统仿真布局连线

(2)设置发生器。首先设置到达时间,如图 4-25 所示。

图 4-25　到达时间设置

根据产品类型及到达比例创建 4 行 2 列的全局表,如图 4-26 所示。

	百分比	产品类型
产品1	20	1
产品 2	30	2
产品 3	40	3
产品 4	10	4

图 4-26　全局表设置

在发生器的创建出发中编写代码"item. labels. assert("leixing"). value=

dempirical("产品比");",引用全局表中设置的 4 种产品的比例,即按全局表"产品比"中的百分比例返回一个值。具体操作如图 4-27 所示。

图 4-27 引用全局表

同时,为了更好地区分 4 种产品,在发生器的创建触发中添加语句,使 4 种产品具有不同的颜色。具体设置如图 4-28 所示。

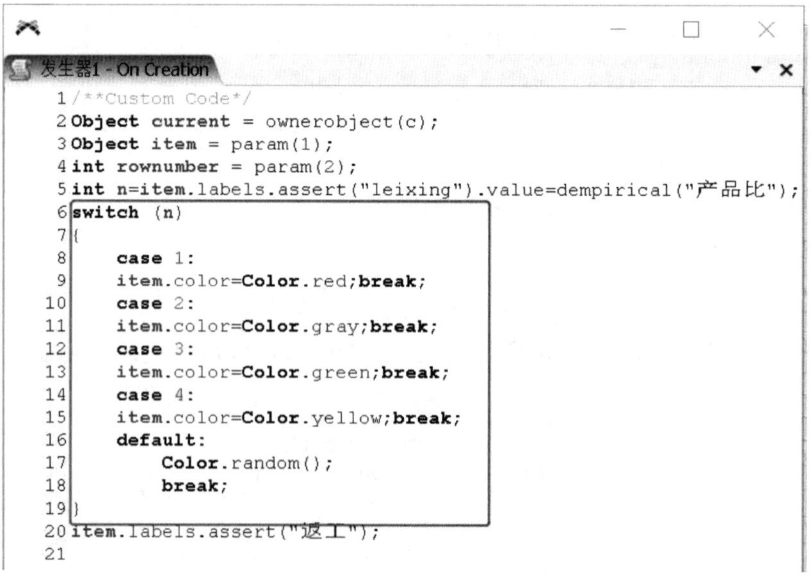

图 4-28 产品的不同颜色设置

因为产品可能出现返工,所以在创建的时候给产品加上一个判断是否返工的标签,标签的名字就叫"返工",标签初始值设置为 0,以便后续判断产品是否为返工,具体设置如图 4-29 所示。

```
1 /**Custom Code*/
2 Object current = ownerobject(c);
3 Object item = param(1);
4 int rownumber = param(2);
5 int n=item.labels.assert("leixing").value=dempirical("产品比");
6 switch (n)
7 {
8     case 1:
9     item.color=Color.red;break;
10    case 2:
11    item.color=Color.gray;break;
12    case 3:
13    item.color=Color.green;break;
14    case 4:
15    item.color=Color.yellow;break;
16    default:
17        Color.random();
18        break;
19 }
20 item.labels.assert("返工").value=0;
21
```

图 4-29　为返工产品添加标签

补充小知识:dempirical 是什么函数？

①使用格式:dempirical(str/node/num table[,num stream])。

②它是一种离散经验分布函数,引用的表格必须包含一列数值,以及与此数值对应的百分比。

③百分比必须位于第一列,并且从第一行开始,对应的数值则应位于第二列。

④需要多少数值,就需要多少行表格。第一列的百分比数值必须介于 0 到 100 之间,并且总计为 100,否则将永远无法返回超过 100％后的数值。定义 4 种产品各自的百分比如图 4-30 所示。

	百分比	数值
Row 1	20	1
Row 2	30	2
Row 3	40	3
Row 4	10	4

图 4-30　定义各产品的百分比

例:int ptype=dempirical("prodtypes",5);

该定义表明将分配只一个值给变量 ptype,而将被分配的这个值由定义在全局表中的、名为"prodtypes"的、选用 5 号随机流的离散均匀分布决定。

⑤根据全局表"prodtypes"中的百分比返回一个值。

(3)设置暂存区。因为每一台设备只加工一种类型的产品,故在暂存区 1 临时实体流选项中按图 4-31 所示进行设置。

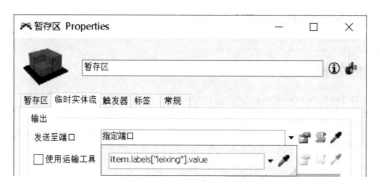

图 4-31　暂存区设置

(4)设置处理器加工时间。首先判断到达的产品是新产品还是返工产品,获取产品标签值,如果是 0,说明该产品是首次到达产品;如果是 1,说明当前产品是返工产品。

首次加工的产品的加工时间服从时间单位为秒的 duniform(80,100)分布函数。第二次进行加工的产品的加工时间服从时间单位为秒的 uniform(120,140)分布函数。以处理器 1 为例,具体设置如图 4-32 所示。按同样方式设置其他 3 台机器。

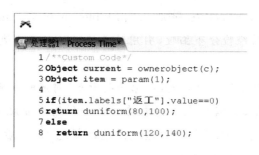

图 4-32　产品加工时间设置

(5)设置检验台。按照图 4-33 所示进行检测时间设置,检验时间设置为 10。

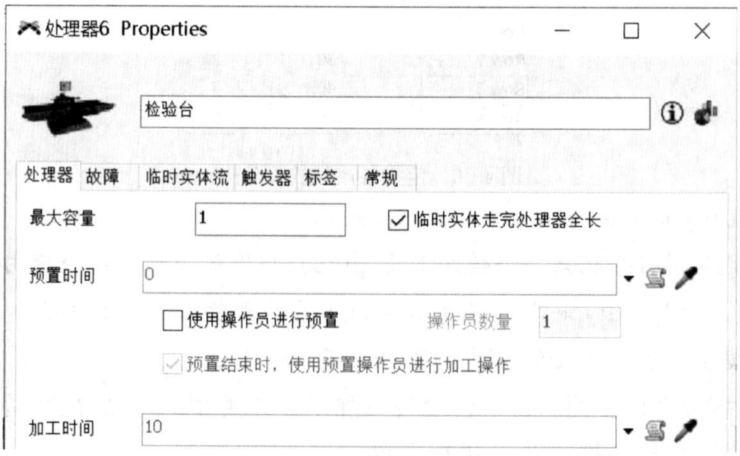

图 4-33　检测时间设置

同时，按照案例的要求，需要进行合格产品与不合格产品设置（此处注意：合格产品必须对应 1 号输出端口，不合格产品必须对应 2 号输出端口，可在常规选项卡中查看），具体设置如图 4-34 所示。

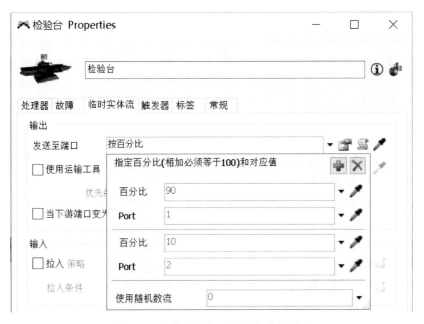

图 4-34　合格产品与不合格产品的设置

（6）返工产品的识别。通过检验台输出端口 2 进入传送带的产品即为返工产品，为对返工产品进行识别，在传送带 1 进入触发中设置标签值，并使返工产品颜色变为黑色，具体设置如图 4-35 所示。

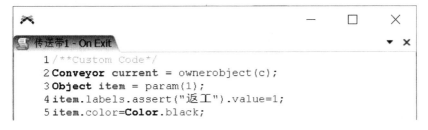

图 4-35　返工产品的标签值与颜色设置

（7）让返工产品具有优先级。按照案例要求，当返工产品被再次加工时，需要赋予其优先级，故在暂存区进入触发中进行相应的设置，使从传送带过来的返工产品具有优先级，具体设置如图 4-36 所示。

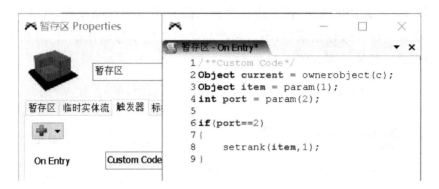

图 4-36　返工产品的优先级设置

(8)可视化显示成品数量。添加标签,显示该生产系统的检验合格品的数量,具体设置如图 4-37 所示。

图 4-37　添加可视化工具

(9)运行仿真模型,查看运行结果,如图 4-38 所示。

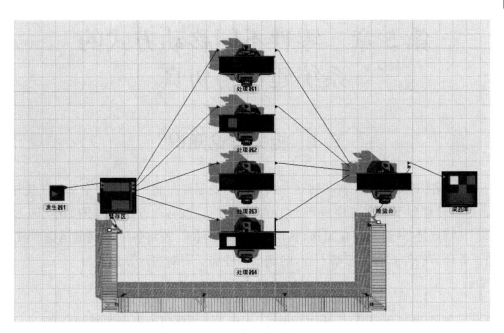

图 4-38 模型运行结果示意图

本章课后习题

某生产车间生产 3 种部件,为节约成本,这 3 种部件要在工序 A 处进行批量加工,3 种部件的加工批量均为 3,即先批量加工第一种部件,再批量加工第二种部件,最后批量加工第三种部件,以此循环。工序 A 加工结束后,产品进入暂存区,请利用全局表建立仿真模型。

提示:该练习题重点考察利用合成器实现批量加工,重点考核端口号及合成器列表的使用方法。

第5章 零件不同移动方式的系统建模与仿真

5.1 相关理论知识

(1)顺序移动方式。顺序移动方式是指一批零件在前一道工序全部加工完毕后,整批转移到下一道工序进行加工的移动方式,该移动方式示意图如图5-1所示。其特点是:一道工序在工作,其他工序都在等待。若将各工序间的运输、等待加工等环节的停歇时间忽略不计,则该批零件加工周期的计算公式为

$$T_{顺} = n\sum_{i=1}^{m} t_i$$

式中,n为该批零件数量;m为工序数;t_i为第i道工序的单件加工时间。

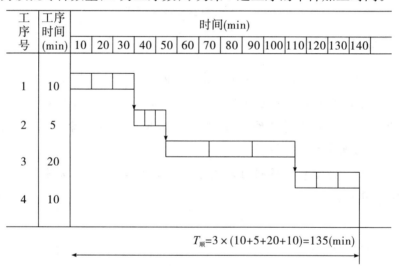

图5-1 顺序移动方式示意图

顺序移动方式的优点是:一批零部件连续加工,集中运输,有利于减少设备调整时间,便于组织和控制。其缺点是:零件等待加工和等待运输的时间长,生产周期长,流动资金周转慢。

(2)平行移动方式。平行移动方式是指一批零件中的每个零件在每道工序加工完毕后,立即转移到后道工序进行加工的移动方式,该移动方式示意图如图5-2所示。其特点是:一批零件同时在不同工序上平行进行加工,因而缩短了生产周期。其加工周期$T_{平}$的计算公式为

$$T_{平} = (n-1)t_{长} + \sum_{i=1}^{m} t_i$$

式中,$t_长$ 为各加工工序中最长的单件工序加工时间。

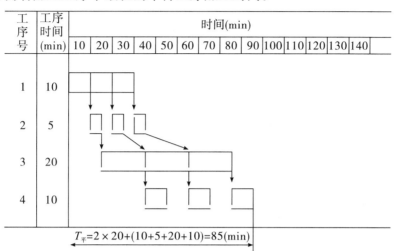

图 5-2 平行移动方式示意图

采用这种移动方式,不会出现制件等待运输的现象,所以整批制件加工时间最短,但由于前后工序时间不等,当后道工序时间小于前道工序时间时,后道工序在每个零件加工完毕后,都有部分间歇时间。

(3)平行顺序移动方式。平行顺序移动方式吸收了上述两种移动方式的优点,避开了其短处,但组织和计划工作比较复杂。其特点是:当一批制件在前道工序上尚未全部加工完毕时,就将已加工的部分制件转到下道工序进行加工,并使下道工序能够连续地、全部地加工完该批制件。为了达到这一要求,要按下面规则运送零件:当前道工序单件加工时间小于后道工序加工时间时,前道工序完成后的零件立即转送下道工序;当前道工序单件加工时间大于后道工序加工时间时,则要等待前道工序完成的零件数足以保证后道工序连续加工时,才将完工的零件转送后道工序。这样就可将人力及设备的零散时间集中使用,该移动方式的运作示意图如图 5-3 所示。平行顺序移动方式的生产周期 $T_{平顺}$ 介于顺序移动和平行移动两种方式的生产周期之间,计算公式为

$$T_{平顺} = n\sum_{i=1}^{m} t_i - (n-1)\sum_{i=1}^{m-1} t_{i较短}$$

式中,$t_{i较短}$ 为每相邻两道工序中较短的单件工序加工时间。

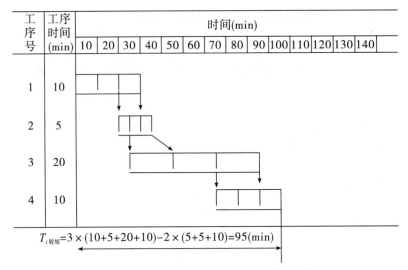

图 5-3 平行顺序移动方式示意图

在选择移动方式时,应结合具体情况来考虑,灵活运用。一般对批量小或重量轻,而且加工时间短的零件,宜采用顺序移动方式,反之,宜采用另外两种移动方式;按对象专业化形式设置的生产单位,宜采用平行顺序移动方式或平行移动方式;按工艺专业化形式设置的生产单位,宜采用顺序移动方式;对生产中的缺件、急件,则可采用平行移动方式或平行顺序移动方式。

5.2 相关仿真工具及功能

发生器用来创建模型中的临时实体。每个发生器只创建一种或多种临时实体,它能够给临时实体设置属性,如实体类型或颜色。模型中至少有一个发生器。发生器可以按照到达时间间隔、到达时间表或到达序列创建临时实体,如图 5-4 所示。

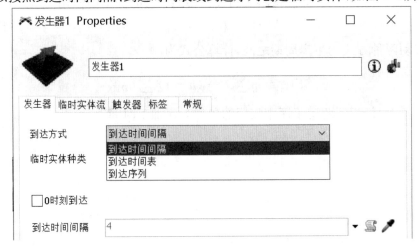

图 5-4 发生器到达方式

(1)到达时间间隔模式。在到达时间间隔模式中,发生器使用到达时间间隔函数。此函数的返回值是下一个临时实体到达之前需要等待的时间。发生器等待指定间隔时间后,创建一个临时实体并释放。临时实体一离开,它再次调用这个函数,并重复这一过程。应注意,到达时间间隔是指一个临时实体离开与下一个临时实体到达之间的时间,而不是一个临时实体到达与下一个临时实体到达之间的时间。如果想要将到达时间间隔定义为两次到达之间的真实时间,则在下游添加一个大容量的暂存区,确保发生器在生成临时实体时立即将其释放。还可以指定到达时间间隔是否也用于第一个到达的临时实体,或者说,第一个临时实体是否在 0 时刻创建。

(2)到达时间表模式。在到达时间表模式中,发生器根据用户定义的时间表来创建临时实体。每一行中指定了临时实体的创建时间、临时实体类型、数量和标签。必须正确填写到达时间,即到达时间应大于或等于前一行中的到达时间。如果选中重复时间表,则在完成最后一行时立即循环回到第一行执行它的逻辑。这里提醒一下,当重复时间表时,第一行的到达时间只适用于时间表的第一次循环,也就是说,只执行一次初始的到达时间,但是不重复执行。如果需要发生器执行完最后一行后,等待一段时间再去重复下一个到达时间,则可以在表的末尾添加一行,它的到达时间应该大于前一行的到达时间,但是到达的临时实体数量为 0。

(3)到达序列模式。到达序列模式与到达时间表模式类似,只不过这里没有相关联的时间。发生器将创建给定表格行的临时实体,当进入的最后一个临时实体离开时,就立即转到表的下一行,也可以重复使用到达序列。

5.3 零件不同移动方式的仿真系统与建模

案例描述:某公司一车间需要加工某种零件,该零件的加工需要经过该车间的 8 道工序,当前生产条件的加工批量为 8,每道工序仅有一台设备,每道工序加工单个零件的时间分别为 11 min、4 min、14 min、6 min、8 min、10 min、21 min 和 4 min。

请绘制工序图,分别用顺序移动方式、平行移动方式、平行顺序移动方式对生产过程进行仿真,并对仿真结果从总加工时间、设备的总等待时间、设备的总闲置时间等方面进行比较。

5.3.1 顺序移动方式的 FlexSim 仿真

1. 顺序移动方式下的工序图

在顺序移动方式下,8 个相同的零件全部在第一道工序完成加工后,再整批转移到第二道工序,以此类推,直到这批零件在第八道工序加工完毕,才开始下一批量为 8 的零件的加工。在顺序移动方式下,一批零件的加工工序图如图 5-5 所示。

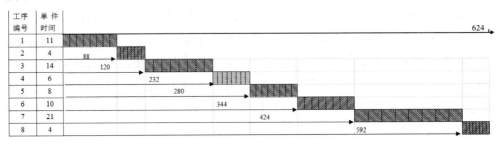

图 5-5　顺序移动方式下工序图

在顺序移动方式下,单批零件的加工周期为 $(11+4+14+6+8+10+21+4)\times 8=624(\min)$;设备的总等待时间为 $0(\min)$;设备的总空闲时间为:$88+120+232+280+344+424+592=2080(\min)$。

2. 顺序移动方式下 FlexSim 建模过程

(1)拖拽实体进行模型布局。从临时实体库中拖入发生器、8 个处理器(代表 8 个工序)、9 个暂存区(其中一个代表成品库)。修改相应临时实体的名称,利用"A"键进行实体间的连接,得到布局图,如图 5-6 所示。

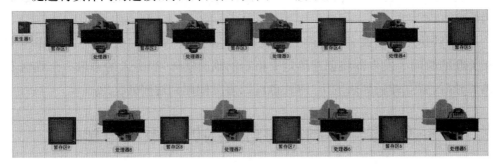

图 5-6　顺序移动方式下仿真布局及连线

(2)参数设置。

第一步,对发生器进行设置,双击打开参数设置界面,在到达方式选项卡中选择"到达序列",同时,设置单次到达批量为"8",并勾选"重复时间/序列表",具体设置如图 5-7 所示。

图 5-7 发生器设置

第二步,对暂存区 1 进行设置,以保障批量为 8 的零件按顺序移动方式进行移动。首先设置暂存区 1,勾选"成批操作",将目标批量设置为"8",并勾选"一批离开后才接收新的一批"。具体设置如图 5-8 所示。

图 5-8 暂存区 1 的设置

暂存区 2 至暂存区 8 的设置与暂存区 1 的设置类似,但有略微不同,以暂存区 2 为例,按图 5-9 所示进行设置,对成品区库存不做处理。

图 5-9 暂存区 2 的设置

第三步,设置各道工序的加工时间,根据案例描述逐个设置各台机器的加工时间,如单个工件在工序 1 上的加工时间为 11 min,转换成以秒为单位为 660 s,具体设置如图 5-10 所示。其余各道工序的加工时间设置与此类似。

图 5-10 工序 1 的加工时间设置

第四步,运行模型,查看仿真结果,如图 5-11 所示。

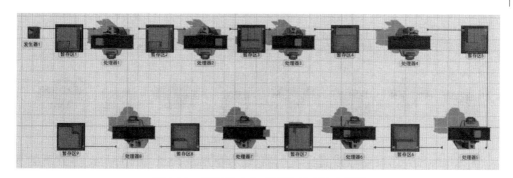

图 5-11　顺序移动方式下模型运行示意图

5.3.2 平行移动方式的 FlexSim 仿真

1. 平行移动方式下的工序图

在平行移动方式下,单个零件在某一道工序上完成加工以后,立即转移到下一道工序继续加工,同时,第二个工件开始在上一道工序进行加工,以此类推,直到最后一个工件在最后一道工序上加工完毕为止。在平行移动方式下,零件的加工工序图如图 5-12 所示。

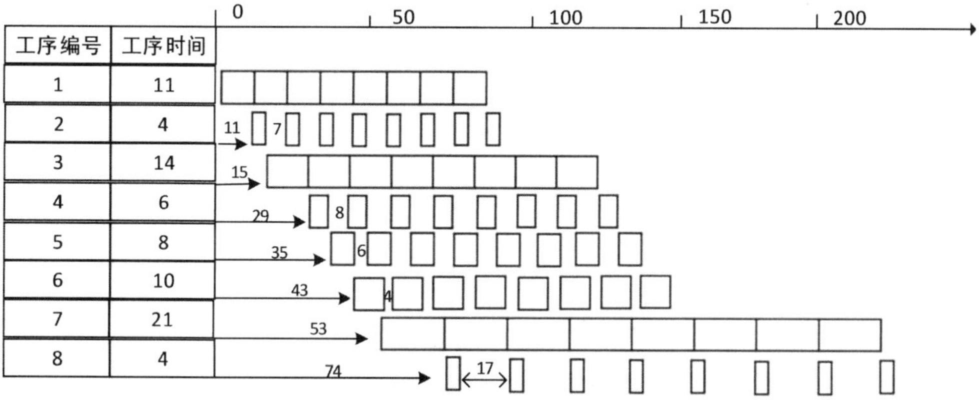

工序编号	工序时间
1	11
2	4
3	14
4	6
5	8
6	10
7	21
8	4

图 5-12　平行移动方式下工序图

在平行移动方式下,批量零件的加工周期为(11+4+14+6+8+10+21+4)+(8-1)×21=225(min);设备的总等待时间为 7×7+8×7+6×7+4×7+17×7=294(min);设备的总闲置时间为 11+15+29+35+43+53+74=260(min)。

2. 平行移动方式下 FlexSim 建模过程

(1)模型布局及连线。平行移动方式下的模型布局与连线方法基本上与顺序移动方式类似,此处不再介绍。FlexSim 仿真模型布局图如图 5-13 所示。

图 5-13 平行移动方式下仿真布局及连线

(2) FlexSim 仿真参数设置。发生器、暂存区 1 的设置与顺序移动方式下的设置基本一致,此处不再赘述。与顺序移动方式不同的是暂存区 2 至暂存区 8 的设置,这里以暂存区 2 为例进行说明。因为在平行移动方式下,某一零件在一道工序上完成加工之后,立即移到下一道工序,只要下一道工序空闲,即可进行加工,故对暂存区 2 不做特殊设置,具体设置如图 5-14 所示。其他的暂存区设置与此类似,不再重复介绍。

图 5-14 暂存区 2 的设置

(3) 设置加工时间。根据案例的描述,对各道工序上的机器进行加工时间设置,注意加工时间要转换成 FlexSim 默认的单位时间,这里仅以工序 1 为例进行说明,具体设置如图 5-15 所示。其他工序的加工时间请自行设置。

图 5-15 工序 1 的加工时间设置

(4)运行模型,查看仿真结果。模型运行结果如图 5-16 所示。

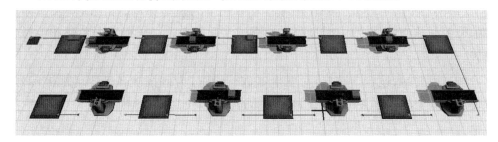

图 5-16 平行移动方式下模型运行示意图

5.3.3 平行顺序移动方式的 FlexSim 仿真

1.平行顺序移动方式下的工序图

在平行顺序移动方式下,当前道工序时间小于后道工序时间时,前道工序完成后的零件立即转送到下道工序;当前道工序时间大于后道工序时间时,则要等待前道工序完成的零件数量足以保证后道工序连续加工时,才将完工的零件转送到后道工序。通常情况下,下一道工序以上一道工序的完工时间为准,向前推 $(n-1)$ 个单位的本工序单件工件加工时间,作为工件在本道工序的开始时间。在平行顺序移动方式下,零件的加工工序图如图 5-17 所示。

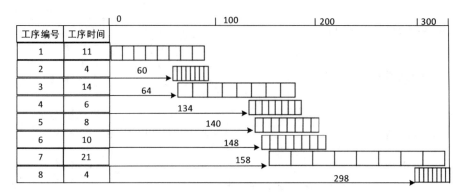

图 5-17 平行顺序移动方式下工序图

在平行顺序移动方式下，批量零件的加工周期为 78×8－7×(4＋4＋6＋6＋8＋10＋4)＝330(min)；设备的总等待时间为 0 min；设备的总闲置时间为 60＋64＋134＋140＋148＋158＋298＝1002(min)。

2. 平行顺序移动方式下 FlexSim 建模过程

(1) 模型布局与连线。平行顺序移动方式下的模型布局、加工时间及实体连线的设置与前两种方式相似，此处不再介绍。这里重点介绍模型参数及相关触发设置。

(2) 模型参数设置。首先，对发生器进行设置，为该批次各个零件加上标号，以便后续设置消息触发时进行引用，具体设置结果如图 5-18 所示。

图 5-18 到达序列及标签值设置

其次，对暂存区 1 进行设置，为符合加工批量为 8 的要求，该设置与顺序移动方式和平行移动方式的设置类似，具体设置如图 5-19 所示。

第 5 章　零件不同移动方式的系统建模与仿真　　79

图 5-19　暂存区 1 的设置

（3）触发设置。在平行顺序移动方式下，通过观察可以发现，如果上道工序的单件加工时间比下道工序的单件加工时间短，则满足平行移动方式的规则，所以相应的暂存区的设置与平行移动方式下相同。因此，参考工件加工工序图（图 5-17），可以确定暂存区 1、暂存区 3、暂存区 5、暂存区 6 和暂存区 7 的设置与平行移动方式下一致。

对于上道工序单件加工时间比下道工序单件加工时间长的情况，则需要进行消息触发设置。这里以工序 1 为例进行说明，当第一道工序加工一个批次中标号为 1 的工件时，发送一个消息，消息时间长为 3600 s，打开暂存区 2 的输出端口。具体设置如图 5-20 所示。

图 5-20　工序 1 的消息触发设置

而暂存区 2 在默认的情况下，其输出端口是关闭的，只有收到消息时，其输出端口才打开，同时，当该批次的零件加工结束后，要关闭其输出端口，等待下一个消息触发来打开其输出端口。具体设置如图 5-21 所示。

暂存区 2 在接收到由工序 1 发出的信息后，需要打开其输出端口，以便工序 2 进行加工操作，因此需要对暂存区 2 进行设置，具体设置如图 5-22 所示。

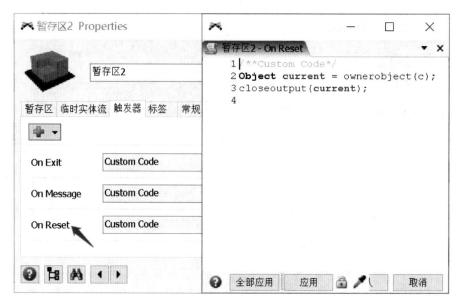

图 5-21 暂存区 2 的重置触发设置

图 5-22 暂存区 2 的消息触发设置

根据平行顺序移动方式的特点,当工序 2 加工完 8 个产品之后,需要等待下一批产品的到来,因此,模型中需要对该工序产品的加工数量进行相应的控制,如加工完标签值为 8 的产品,则暂存区 2 需要关闭其输出端口,并等待下一个消息触发打开其输出端口,具体设置如图 5-23 所示。

图 5-23　暂存区 2 的离开触发设置

本章课后习题

某企业生产 3 种类型的产品,经过 3 台处理器进行加工,设 3 台处理器的加工时间都为固定值 20 s,加工完成后由叉车送至打包机器,打包完成后,再由叉车将经过打包的产品送入 3 个客户的库房,3 个客户对 3 种产品的数量要求各不相同,见表 5-1。其中,产品在打包时有 5% 的破损,3 个客户的订单各自存放在不同的货架上,打包破损的产品放在指定区域,请建立该问题的仿真模型。

表 5-1　客户对 3 种产品的订单要求

产品	客户订单		
	客户 1	客户 2	客户 3
产品 1	1	4	2
产品 2	2	3	2
产品 3	3	1	3

第6章 物料搬运系统建模与仿真

6.1 相关理论知识

6.1.1 物料搬运及物料搬运系统

物料搬运(materials handling,MH)通常是指在同一场所范围内对物品进行搬上、卸下、移动等以改变物料存放(支承)状态(即狭义的装卸)和空间位置(即狭义的搬运)为主要目标的活动。美国机械工程师协会(American Society of Mechanical Engineers,ASME)对物料搬运的定义为：包括任何形式的物质的移动、包装、存储的艺术和科学。大量的在制品、过多的库存、物料的重复搬运和运输排序计划都受到物料搬运系统的影响。

物料搬运具有五个特点：移动、数量、时间、空间和控制。其中，移动包括运输或者物料从某一地点搬到下一地点，安全是移动这一特点中的第一要素；每次移动的数量取决于物料搬运设备的类型和性质，也产生了单位货物运输费用；时间这一特点考虑的是物料能够通过设备的速度；物料搬运的空间与存储和移动搬运设备所需空间，以及物料自身排列及存储所需空间有关；物料的追踪、识别、库存管理都是控制这一特点的表现。

物料搬运是物流系统的一部分，由于物料搬运在生产领域各个生产环节中起着相互连接与转换的作用，保证生产能连续、正常进行，因此，物料搬运系统的合理与否直接影响企业的生产率和经济效益。但物料搬运只是增加成本而不增加价值，因此，从最佳经济原则考虑，搬运工作量越少越好。

物料搬运系统是指一系列的相关设备和装置，用于一个过程或逻辑动作系统中，协调、合理地将物料进行移动、存储或控制。物料搬运系统中设备、容器的性质取决于物料的特性和流动的种类。每一系统都是经过专门设计的，服务于特定物流系统环境和规定的物料。当前物料搬运系统的设计要求合理、高效、柔性和能够快速装换，以适应现代制造业生产周期短、产品变化快的特点。

6.1.2 物料搬运在物流中的作用

物料搬运是物流系统的重要组成部分，也是衔接其他物流活动的桥梁与手段，物料搬运系统合理化对企业的物流效率与效益有至关重要的影响。

物料搬运是制造企业生产过程中的辅助生产过程，它是工序之间、车间之间、工厂之间物流不可缺少的重要环节,具体表现在以下几个方面。

(1)物料搬运活动是衔接物流活动各环节的桥梁与纽带。经统计和分析,在工厂生产活动中,从原材料进厂到成品出厂,物料真正处于加工等纯工艺流程的时间只占生产周期的5%~10%,而90%~95%的时间都处于仓储和搬运状态。

(2)合理进行物料搬运是提高物流速度的关键。在机械制造企业中,一般从事搬运、储存的工作人员占全部工人的15%~20%,加工1吨产品平均搬运量为60吨次以上,其成本约为加工成本的15.5%。

(3)合理进行物料搬运能减少物流费用支出。在我国工业企业中,在制品和库存物料占流动资金的75%左右,所以需合理设计平面布置,优化物流系统。制造业中总经营费用的20%~50%是物料搬运/运输费用,而优良的物流系统设计可使该费用减少10%~30%。因此,降低物料搬运系统的运行成本是提高企业利润的一条途径。

(4)合理进行物料搬运可减少货物的损失。产品在搬运、储存过程中,因搬运手段不当,造成磕、碰、伤,从而影响产品质量的现象非常严重。

因此,进行搬运系统分析,设计合理、高效、柔性的物料搬运系统,对压缩库存资金占用、缩短物流搬运所占时间、优化企业内部物流系统有着十分重要的意义。

6.1.3 物料搬运方法及选择原则

(1)装卸搬运方法。

①按装卸搬运作业对象分为单件作业法、集装作业法(分为集装箱作业法、托盘作业法和其他集装作业法)和散装作业法(分为重力作业法、倾翻作业法、气力输送法和机械作业法)。

②按作业场所分类:车间搬运是指在车间内部工序间进行的各种装卸搬运活动,如原材料、在制品、半成品、零部件、产成品等的取放、分拣、包装、堆码、输送等作业;站台装卸搬运是指在车站或仓库外的装卸站台上进行的各种装卸搬运活动,如装车、卸车、集装箱装卸、搬运等作业;仓库装卸搬运是指在仓库、堆场、物流中心等场所的装卸搬运活动,如堆码、分拣、配货、装车等作业。

③按作业手段和组织水平分为人工作业法、机械化作业法和综合机械作业法。

④按装卸设备作业特点分类:间歇作业法是指在装卸搬运过程中有重程和空程两个阶段,即在两次作业中存在一个空程准备过程的作业方法;连续作业法是指在装卸搬运过程中,设备不停地作业,物资可连绵不断、持续流水般地实现装卸作业的方法。

物料搬运方法涉及对物料搬运路线、物料搬运设备和搬运单元的综合考虑。

(2)物料搬运路线分类及选择。物料搬运路线分为直达型、渠道型和中心型,如图6-1所示。

①直达型:各种物料从起点到终点经过的路线最短。当物流量最大、距离最

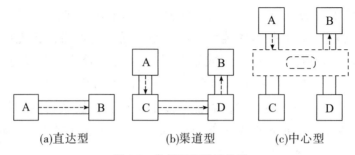

图 6-1　物料搬运路线分类

短(或距离中等)时,采用这种类型是较经济的,该类型尤其适合于物料有一定的特殊性而时间又紧迫的情况。

②渠道型:一些物料在预定路线上移动,与来自不同地点的其他物料一起运到同一个终点。当物流量中等或较少而距离中等或较长时,采用这种类型是经济的,尤其当分散布置时更为有利。

③中心型:各种物料从起点移动到一个分拣中心或分发中心,然后再运往终点。当物流量小而距离中等或较近时,这种类型是非常经济的,尤其当厂区外形基本上是方整的且管理水平较高时更为有利。

物料搬运过程中,若物流量大且距离长,则说明这样的布置不合理。距离与物流量可作为确定搬运路线的依据,如图 6-2 所示。

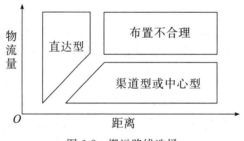

图 6-2　搬运路线选择

(3)物料搬运设备选择。物料搬运设备选择一般从如下几个方面考虑。

①物料搬运设备按费用数据分类时,一般可把设备分成四类:简单的搬运设备、简单的运输设备、复杂的搬运设备和复杂的运输设备。根据距离与物流量的大小,可确定选择的设备类别,如图 6-3 所示。而按设备的技术性能或具体性能分类时,可分为起重机、输送机、无轨搬运车辆和有轨搬运设备。一般情况下,物料搬运系统设备的典型选择表现如下:

距离短,物流量小——简单的搬运设备,如二轮手推车。

距离短,物流量大——复杂的搬运设备,如狭通道带夹具的叉车。

距离长,物流量小——简单的运输设备,如机动货车。

距离长,物流量大——复杂的运输设备,如电子控制的无人驾驶车辆。

②根据设备的技术指标和物流特点选择设备的规模及型号。

第6章 物料搬运系统建模与仿真

图 6-3 搬运设备选择

(4)搬运单元。搬运单元是指物料搬运时的基本装载方式,如散装、采用车厢、罐装等,单件采用单件包装、集装器具等。应根据物料的特点和设备来选择运输与搬运单元。

6.1.4 物料搬运活性

物料的存放状态多种多样,可以散放在地上,也可以集装化,物料的存放状态不同,其搬运的难易程度也不同。搬运活性是指物料的存放状态对搬运作业的难易程度。如果很容易转变为下一步的装卸搬运而不需过多做装卸搬运前的准备工作,则活性就高;如果难以转变为下一步的装卸搬运,则活性低。

货物的活性越高,搬运活动也就越容易进行,占用整个生产活动的消耗越少,对生产率的提高作用越大。所以在同样的情况下,尽量采用搬运活性比较高的搬运方式,这样可以节省生产成本,比如能集装化搬运的尽量不要散装,最好是放在托盘或容器中。

为了使活性有所区别,并能有计划地提出活性要求,使每一步装卸搬运都能按一定活性要求进行操作,可对不同放置状态的货物作不同的活性规定,这就是"活性指数",分为0~4共五个等级,见表6-1。

表6-1 物料搬运活性

物品状态	作业说明	作业种类				需要的作业数目	不需要的作业数目	搬运活性指数
		集中	搬起	升起	运走			
散放在地上	集中、搬起、升起、运走	要	要	要	要	4	0	0
集装在箱中	搬起、升起、运走(已集中)	否	要	要	要	3	1	1
托盘上	升起、运走(已搬起)	否	否	要	要	2	2	2
车中	运走(不用升起)	否	否	否	要	1	3	3
运动着的输送机	不要(保持运动)	否	否	否	否	0	4	4

(1)散乱堆放在地面上的货物,进行下一步装卸必须进行包装或打捆,或者只能一件件操作处置,因而不能立即实现装卸或装卸速度很慢,这种全无预先处置的散堆状态,定为0级活性。

(2)将货物包装好或捆扎好,然后放置于地面,在下一步装卸时可直接对整体货载进行操作,因而活性有所提高,但操作时需支起、穿绳、挂索,或支垫入叉,因而装卸搬运前预操作要占用时间,不能取得很快的装卸搬运速度,活性仍然不高,定为1级活性。

(3)将货物形成集装箱或托盘的集装状态,或对已组合成捆、堆或捆扎好的货物进行预垫或预挂,装卸机具能立刻起吊或入叉,活性有所提高,定为2级活性。

(4)将货物预置在搬运车、台车或其他可移动挂车上,动力车辆能随时将车、货拖走,这种活性更高,定为3级活性。

(5)货物已预置在动力车辆或传送带上,即刻进入运动状态,而不需做任何预先准备,这种活性最高,定为4级活性。

6.2 相关仿真工具及功能

6.2.1 运输工具

在实体库中,任务执行器是几种实体的统称,如操作员、叉车、堆垛机、起重机和其他可移动资源都是从任务执行器类实体派生出来的。所有这些实体都可以行进,装载、卸载临时实体,充当处理站点的共享资源和执行其他仿真任务。叉车主要用来把临时实体从一个实体搬运到另一个实体。它有一个货叉,从货架中捡取或向货架中放置临时实体时,货叉可以升到临时实体的位置。如果有需要,叉车可以一次搬运多个临时实体。叉车参数设置界面如图6-4所示。

图6-4 叉车参数设置界面

容量：表示操作员或叉车一次运送临时实体的最大数量。

最大速度：表示操作员或叉车行走的最快速度。

加速：表示操作员或叉车速度改变的快慢，它们需要逐渐增加速度直到达到最大速度，或者接近目标节点时慢慢减速。

减速：表示随着任务执行器到达目的地，速度降低的快慢。

翻转阀值：当叉车或操作员与目标节点之间的角度达到或超过此值时，为了能够面向正确方向行进，叉车或操作员将转身。不管是选中还是不选中此项，都不影响模型的统计，只是为了视觉效果。

行进时转向：如果选中此项，则叉车或操作员为了使自身与行进方向一致，将在行走的同时进行旋转。如果不选中此项，叉车或操作员将会始终面向同一个方向。是否选择此选项不影响模型的统计结果，仅为视觉效果。

执行装载/卸载任务时执行行进偏移：此框提供 3 个选项。如果选择装卸时采用行进偏移，叉车或操作员将会行走到装载或卸载临时实体的地方。如果选择装卸时不行进偏移，任务执行器就会在距离实体最近的网络节点上装载或卸载临时实体。只有非超车类型的网络路径才能用到禁止行进偏移和间隔锁定。如果选中此项，实体将到达这个节点，停止行进，并在执行装载或卸载操作时，继续占用网络路径上的空间。

装载时间：返回操作员或叉车装载临时实体所花费的时间。

卸载时间：返回操作员或叉车卸载临时实体所花费的时间。

6.2.2 路径节点

网络节点用来定义叉车和操作员遵循的路径网络。通过使用样条线节点，设置路径弯曲角度，完成路径的修改。默认情况下，在网络上行驶的实体将沿着从起始位置到目标位置之间最短的路径行走。网络节点参数设置选项卡如图 6-5 所示。

连接行进网络有三个步骤：

(1)将网络节点相互连接。按住"A"键点击一个网络节点，然后拖动到另一个节点，即可在两个网络节点之间创建一条路径。

(2)将网络节点连接到路径中的实体上。在网络节点和此实体之间创建一条"A"连接。

(3)将任务执行器连接到某个网络节点，仿真开始时，任务执行器将待在这个节点上。使用"D"键可将一个网络节点连接到一个任务执行器，使用"E"键来断开连接。用这种方式连接将会绘制一条连接到任务执行器的蓝色连线。

图 6-5　网络节点参数设置选项卡

节点上运输工具的最大数量：此数值定义允许多少辆不在网络路径上行驶的运输工具停留在节点中。这可以表示那些没有执行任务的运输机正在执行其他活动。

侧偏移：以行驶路径为参照物，定义运输工具偏离路径的距离。此参数不影响实际的行驶距离，只是为了视觉效果，以便沿着相同路径驶向不同方向的运输工具不会彼此碾过。

路径：两个网络节点之间的每条路径都包含两个单行线连接。此选项卡只定义从此网络节点到另一网络节点的连接行为。如需要编辑从其他节点到此节点的连接行为，则需要打开其他节点的属性窗口。

名称：用来命名网络中的每条连接。这些名称可以反映此连接的特殊应用。

连接类型：有无连接、允许超车和禁止超车三种连接类型。无连接意味着这条路径上不允许有行进物沿着某个给定方向行进。如果选择无连接，则这条路径将会用红色标识出相应的侧边。允许超车意味着行进物不会沿着路径聚集，如果速度不同，相互超过即可。禁止超车意味着此路径上的行进物将会聚集，采用间隔值作为它们之间的缓冲距离。

间距:只有当路径禁止超车时,才可使用此选项。此距离是从一个运输工具的后端到它后面的运输工具前端的距离。

速度限制:用于设置运输工具在这个连接上的最大速度。

当前距离:显示的是这段连接模拟的当前距离。如果虚拟距离为 0,那么它就是线条路径的实际距离,否则,就使用虚拟距离指定的距离。

虚拟距离:用来指定连接的正确距离。

6.2.3 传送带

(1)经典传送带。分拣传送带是经典传送带中较为常见的一种,而经典传送带又属于固定实体(若固定资源类实体中未显示传送带,则需进行设置:单击右上侧文件→全局设置→环境→在实体库中显示经典传送带)。它的每个输入端口都有一个相应的临时实体进入的位置,每个输出端口都有一个临时实体离开的位置和一个阻塞参数。

分拣传送带与常规固定实体的拉入模式不同,它一定会检查上游临时实体的 sendto 函数值,确保可以把那个临时实体发送至分拣传送带。第二个不同于常规固定实体的地方是,用户不能使用"拉入策略"。它自己处理这些逻辑,因为每个端口接收临时实体的能力取决于进入点的位置和传送带上其他临时实体的尺寸和位置。还有,这里没有返回端口号的发送至端口功能。同样,临时实体要通过哪个端口离开取决于临时实体和输出点的位置。然而,分拣传送带有一个发送条件,即每当临时实体经过离开位置时,就触发该函数。这个函数返回真或假(1 或 0),表示是否允许临时实体从那个点离开。

进入点和离开点在正投影/透视视图中分别用红色、绿色箭头绘出,如图 6-6 所示。输入位置用绿色箭头指向传送带内部,离开位置用红色箭头指向传送带外部。绿色箭头表示分拣传送带可以通过那个点接收临时实体,或者正等待着通过那个点送出临时实体。红色箭头表示那个点不可用,或者正有临时实体等待着通过那个点离开。若要隐藏箭头,则从它的属性窗口或从"编辑选中实体"菜单中设置实体不显示端口。

图 6-6(彩色)

图 6-6 进入/离开箭头

输入/输出端口表用来定义传送带上的输入/输出端口的位置和阻塞逻辑,如

图 6-7 所示。分拣传送带的每个输入端口都沿着传送带有一个属于自己的位置；而每个输出端口除分布在不同位置外，还拥有阻塞参数。如果在窗口打开的状态下连接传送带的输入/输出端口，则需要重新打开属性窗口，才能使修改生效，在俯视/透视视图中，入口/出口点的位置将会用红色或绿色箭头标出。如果入口/出口点显示的位置不对，则重置一下模型，它们就会显示在正确的位置上。如果已经改变了分拣传送带的入口/出口位置，则需要重置模型后才能够正确更新这些位置。

图 6-7 分拣传送带输入/输出端口

（2）传送带模块。经典传送带在 FlexSim Chinese 2020 Update 1 系统中默认不显示，用传送带模块进行了代替升级，如图 6-8 所示。传送带模块可实现传送带、分拣传送带和基本传送带的功能，在模型搭建方面较为方便、快捷，若建模过程中频繁用到大量的传送带，建议使用传送带模块进行布局。

图 6-8 传送带模块

在布局上，可根据实际需求拖住传送带端口的 图标直接进行方向和长度的调整，两条相邻传送带之间的连接可直接吸附（省略"A"连接），传送带之间显

示 ▨ 图标,则表示连接成功。两条直线传送带之间若需要弯曲传送带过渡,可使用 ▨ 衔接工具 自动生成过渡弯曲传送带。传送带与其他实体连接成功后,在传送带端口或连接处会出现 ▨ 图标,双击此标可进行拉入策略、使用运输工具、发送端口等参数的设定。在传送带上加入决策点 ◇ 可实现传送带的分拣功能,决策点可将逻辑构建到传送带中,通过条件触发的方式,决定临时实体的流向,实现分拣功能。

在传送带上可增加光电传感器功能,用于可移动实体的检测;可增加决策点,实现传送带的分拣功能。直线传送带与弯曲传送带的参数设置基本集中在右侧的快捷属性窗口,如图 6-9 所示,可直接进行传送带长度、高度、速度、容量、标签等参数的设置,选中传送带即可看到。

图 6-9 传送带快捷属性窗口

6.3 物流搬运系统建模与仿真案例

6.3.1 案例背景

某企业产品加工完成后,需要进行入库处理,具体参数如下:

(1)3种货物 A、B、C 到达高层的传送带入口端服从正态分布函数 normal(12,2)s。

(2)3种不同的货物沿一条传送带传送,根据品种的不同,由分拣装置将其推入3个不同的分拣出口,经各自的分拣通道到达操作台。

(3)每个检验包装操作台需操作工1名,货物经检验合格后打包,被取走。

(4)每检验一件货物占用的时间服从 uniform(30,5)s。

(5)每种货物都可能有不合格产品。检验合格的产品放入箱笼;不合格的产品通过地面传送带送往不合格品处进行修复。A 的合格率为 80%;B 的合格率为 85%;C 的合格率为 90%。

(6)该系统中合格的货物被操作工放置在箱笼中,每累计10个打包并被机器人送至传送带,放置在相应的货架。

请根据以上参数对该企业入库过程的搬运系统进行建模与仿真。

6.3.2 建模过程

(1)模型布局。从 FlexSim 实体库中拖拽发生器、传送带、分拣传送带、处理器、合成器、机器人、暂存区及货架,按图 6-10 所示进行设置。

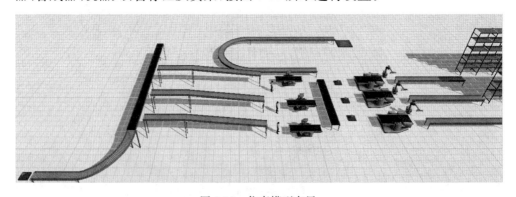

图 6-10 仿真模型布局

(2)连线。根据各实体间的逻辑关系利用"A"键与"S"键进行连线,具体过程省略,连线结果如图 6-11 所示。

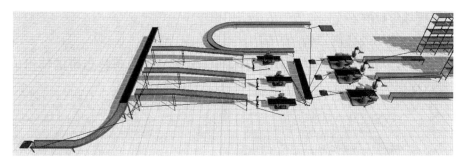

图 6-11　实体间的连线

(3)设置发生器。首先设置临时实体的到达时间间隔,如图 6-12 所示,然后在发生器的触发器选项卡中添加一个创建触发(On Creation),设置临时实体的类型、标签和颜色,如图 6-13 所示。

图 6-12　临时实体的到达时间间隔设置

图 6-13　临时实体的类型、标签和颜色设置

(4)传送带设置。

方法一:使用经典传送带。

这里设置分拣传动带的输出位置,采用尝试法确定分拣传送带的输出位置,具体参数如图6-14所示。

图 6-14　分拣传送带的输出端口位置设置

3条传送带设置:3条传送带的设置基本类似,这里以传送带1为例进行说明。传送带1需要输送类型1的产品,这里采用拉入策略,在传送带1的临时实体流选项卡下的"输入"选项下勾选"拉入策略",根据临时实体标签设置临时实体进入的位置,根据拉入条件设置进入该传送带的临时实体类型。此外,在传送带1的临时实体流选项卡下勾选"使用运输工具",具体设置如图6-15所示。

图 6-15　拉入临时实体类型设置

不合格品分拣传送带设置：采用尝试法确定其输入端口位置，如图 6-16 所示。

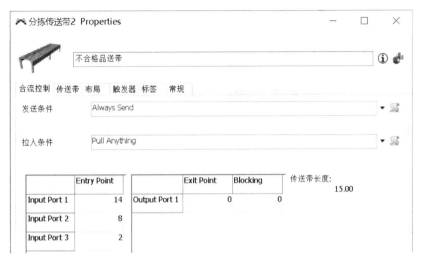

图 6-16　设置不合格品分拣传送带的输入位置

方法二：使用传送带模块。

传送带布局与经典传送带布局相似，如图 6-17 所示。

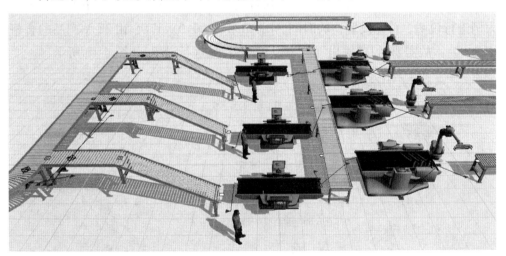

图 6-17　使用传送带模块的传送带布局

决策点设置：在主传送带和 3 个分拣口分别放入传送带模块中的决策点，主决策点分别与 3 个分决策点进行"A"连接，双击主决策点设置决策点到达触发，在目的地框中输入代码"current.outObjects[item.Type]"，表示根据产品类型选择发送端口，具体设置如图 6-18 所示。

不合格品传送带设置：分别将处理器与不合格品传送带进行"A"连接。

图 6-18　决策点设置

(5) 设置包装检验台。3 个包装检验台的设置基本类似,这里以包装检验台 1 为例进行说明。首先设置检验时间为 normal(30,5,0),其次,由于 A 产品的合格率为 80%,故需要对其"输出"的"发送至端口"处进行设置,如图 6-19 所示。

图 6-19　临时实体"输出"的"发送至端口"的比例设置

(6) 设置合成器。为实现合格产品达到 10 个单位后被打包,由机器人搬运至传送带,模型中添加 3 个合成器进行打包操作。这里以合成器 1 为例进行设置说明。首先保证合成器1的第一个输入端口为发生器1,并设置发生器1产生的临时实体类型为托盘。其次,勾选"输出"的"发送至端口"下的"使用运输工具"选项。最后,设置打包数量为10个单位的临时实体1,具体设置如图6-20所示。

图 6-20　打包数量设置

(7)运行模型并查看仿真结果。模型运行时,可能会出现操作员迂回跑动的现象,为保证操作员沿正常路径行走,可添加网络节点,限制其行走路径。模型运行结果如图6-21所示。

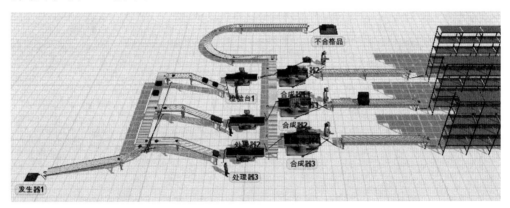

图 6-21　模型运行结果

本章课后习题

在某公司一仓储系统中:

(1)货物分为4种,按照序列表方式进入暂存区,4种货物进入时间的时间间隔各为100 s,进入数量都是10个单位;进入暂存区后由一名操作员将货物搬运至传送带。

(2)货物经过传送带后通过自动导引车(automated guided vehicle,AGV)运

输,自动导引车沿矩形路线分别进入各自的输送机(传送带),再通过堆垛机进入相应的货架储存。

(3) 自动导引车的装载、卸载时间分别为 0.5 s 和 0.6 s;堆垛机的装载、卸载时间分别为 1.2 s 和 1 s。

(4) 货物的储存位置分别由货物上的标签"row""col"来决定。

(5) 输送机(传送带)最大容量为 2;货架 6 层 10 列,第 1、2 层高度为 1,第 3、4 层高度为 1.5,第 5、6 层高度为 2。

(6) 堆垛机最大速度为 3 m/s,加速度、减速度均为 1 m/s^2,升降速度为 1.5 m/s。

请建立该问题的仿真模型。

第7章 Job-Shop生产系统建模与仿真

7.1 相关理论知识

Job-Shop是一种职能单位,它的工段或工作中心是围绕着不同类型设备或工序来组织的,如钻床、锻压机、车床、装配线等,又称为按工艺过程布置。具体而言,常见的生产系统布置形式有以下几种。

7.1.1 固定式布置

固定式布置是指加工对象位置固定,生产工人和设备都随加工产品所在的某一位置而转移。例如内燃机的装配、造船装配等,这种布置形式适用于大型产品的生产、装配过程。由于某些产品体积庞大笨重,不容易移动,因此可保持产品不动,将工作地按生产产品的要求来布置。例如大型飞机、船舶、内燃机车、重型机床的生产,医生给病人做手术等。对于这样的项目,一旦基本结构确定下来,其他一切功能都围绕着产品而固定下来,如机器、操作人员、装配工具等。固定式布置示意图如图7-1所示。

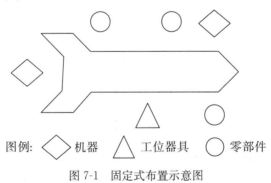

图例: ◇ 机器　△ 工位器具　○ 零部件

图7-1　固定式布置示意图

7.1.2 按产品布置

按产品布置就是按对象专业化原则布置有关机器和设施,最常见的如流水线或产品装配线,如图7-2所示。

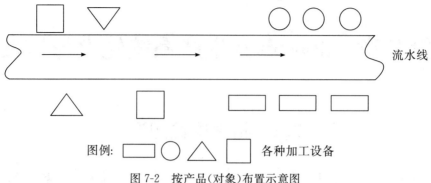

图7-2 按产品(对象)布置示意图

7.1.3 按工艺过程布置

按工艺过程布置(又称 Job-Shop)就是按照工艺专业化原则将同类机器集中在一起,完成相同工艺加工任务,如图7-3所示。

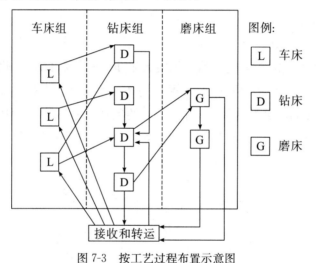

图7-3 按工艺过程布置示意图

7.1.4 按成组制造单元布置

按工艺专业化布置生产和服务设施带来的问题是明显的,它容易造成被加工对象在生产单位之间交叉往返运输,不仅引起费用上升,而且延长了生产周期。人们经过研究,通过实践创造了按成组制造单元布置的形式。其基本原理是:首先根据典型工艺流程的加工内容选择设备和工人,由这些设备和工人组成一个制造单元,如图7-4所示。成组制造单元与对象专业化形式十分类似,因而也具有对象专业化的优点。但成组制造单元更适合于多品种的批量生产,因而又比对象专业化形式具有更高的柔性,是一种适合多品种中小批量生产的理想方式。

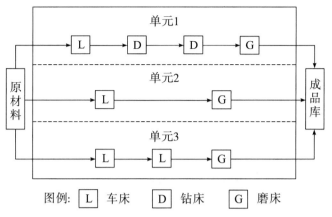

图 7-4 按成组制造单元布置示意图

(1)C 形制造单元布置。成组制造单元具体可以布置成 C 形,简称 C 形制造单元布置,如图 7-5 所示。

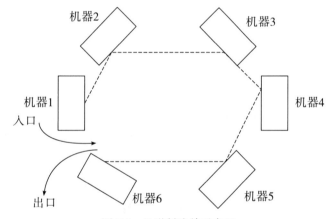

图 7-5 C 形制造单元布置

(2)U 形制造单元及生产线布置。U 形制造单元及生产线布置如图 7-6 所示。

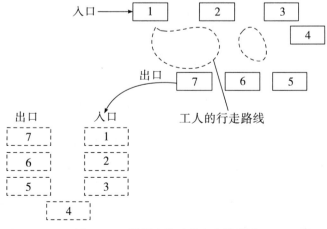

图 7-6 U 形制造单元及生产线布置

在实际生产中,一般综合运用上述几种形式,针对不同的零件品种数和生产批量选择不同的生产布置形式。

7.2 相关仿真工具及功能

7.2.1 全局表

点击工具主菜单的全局表,即可创建全局表。不能通过拖拽到模型的方式创建全局表,只能通过工具菜单或者通过全局表窗口创建它们。全局表可以存储数值型或字符串型数据,一个模型可以有多个全局表。任何一个实体都可通过全局表的相关命令来访问这些数据,因此,可将模型所需数据直接导入全局表中,实现实体与模型数据的动态交互。

全局表表格命令:

gettablenum(table,row,col)返回单元格中的数值数据,单元格是用 row 和 col 指定的。

settablenum(table,row,col)在单元格中设置数值数据,单元格是用 row 和 col 指定的。

可以在全局表视图激活时的右侧快捷属性窗口中设置表的基础属性,如重命名、行数和列数,如图 7-7 所示。勾选"使用 Bundle",可以将全局表的数据存储形式改为 Bundle 类型。Bundle 是一种存储表格类数据结构,拥有读写速度快、占用内存少(特别是添加新数据行)等优点,能够大幅地提高频繁读写全局表模型的运行速度,用户可以根据需求选用不同的数据存储形式。

图 7-7 全局表快捷属性窗口

7.2.2 发送至端口与拉入策略

(1)发送至端口。发送至端口存在于固定资源类实体的临时实体流选项卡中。临时实体在发送至下一个实体之前,需决定到底往当前实体的哪个下游发送。该选项直接影响 item 的去处,实际上,也就定义了仿真模型的运作流程。如果 sendtoport 返回的是一个不存在的下游端口号,那么该 item 就会被困在实体中。默认为"第一个可用",即返回 0,意为根据当前实体下游端口顺序,从小到大遍历搜索,若找到允许输入的下游端口,则立即输出;若遍历未果,则等待,直到下游任意端口允许输入时再输出。

(2)拉入策略。在"推式"逻辑中,临时实体去往哪一个下游,完全由上游的 sendtoport 决定。而在 FlexSim 的"拉式"逻辑中,临时实体到底去往哪一个下游,更重要的决定因素是下游是否接受。

拉入策略设置在固定资源类实体的临时实体流选项卡中,使用时勾选"拉入策略",通常需要拉入策略和拉入条件一起配合决定上游临时实体的进入。

拉入策略:指定允许进入的上游端口,下拉列表返回一个输入端口号,下一个将被拉入的临时实体所在的实体是通过这个端口号与当前实体连接的。重置模型和当前实体准备好接收临时实体时,会对这个区域进行评估。对于一个容量为 1 的处理器来说,一旦临时实体离开,就会评估拉入策略的相关逻辑。对于传送带来说,只有当一个临时实体进入并行走了与产品长度相等的距离时,才会评估拉入策略。打开和关闭端口不会触发拉入策略的逻辑,拉入策略下拉列表如图 7-8 所示。

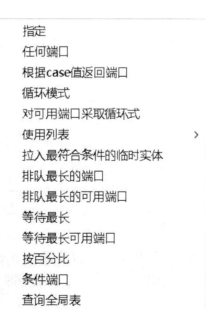

图 7-8 拉入策略下拉列表

拉入条件:只有选中拉入策略时,这个选项才可用,用于决定上游中需要符合哪些条件的临时实体才被允许进入。当考虑是否拉入上游实体中(拉入策略中定义的)某个临时实体时,才评估这里的逻辑。基本上,评估了拉入策略之后,会针对每个准备好离开的临时实体评估拉入条件。之后有新临时实体准备好时,会再次评估。拉入条件下拉列表如图 7-9 所示。

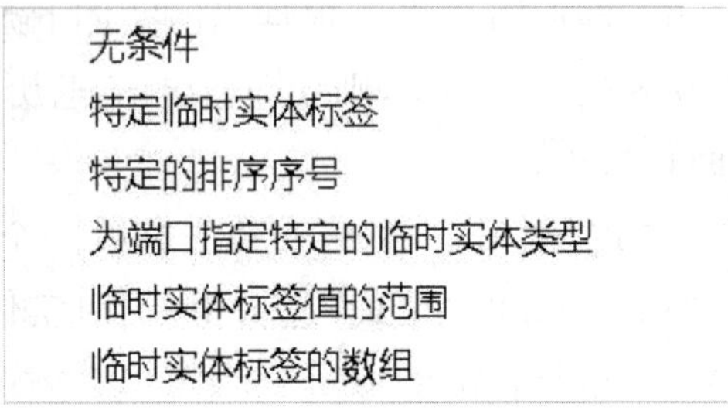

```
无条件
特定临时实体标签
特定的排序序号
为端口指定特定的临时实体类型
临时实体标签值的范围
临时实体标签的数组
```

图 7-9　拉入条件下拉列表

7.3　Job-Shop 生产系统建模与仿真案例

7.3.1　案例背景

有一个制造车间由 5 组机器组成,第 1、2、3、4、5 组机器分别有 3 台、2 台、4 台、3 台、1 台相同的机器。这个车间需要加工 3 种原料,3 种原料分别要求完成 4 道、3 道和 5 道工序,而每道工序必须在指定的机器组上处理,按照事先规定好的工艺顺序进行。

3 种原料到达车间的间隔时间分别服从均值为 50 min、30 min、75 min 的指数分布。具体数据见表 7-1。

表 7-1　相关数据与资料

原料类型	机器组别	相继工序平均服务时间(s)
1	3,1,2,5	20,36,51,30
2	4,1,3	66,48,25
3	2,5,1,4,3	72,15,42,54,30

如果一种原料到达车间时,发现该组机器均为负载状态,该原料就在该组机器处的一个服从先进先出规则的队列中等待。前一天没有完成的任务,第二天继续加工。在某机器上完成一个工序的时间服从 Erlang 分布,其平均值取决于原料的类别以及机器的组别。具体的产品加工流程图如图 7-10 所示。

第 7 章 Job-Shop 生产系统建模与仿真

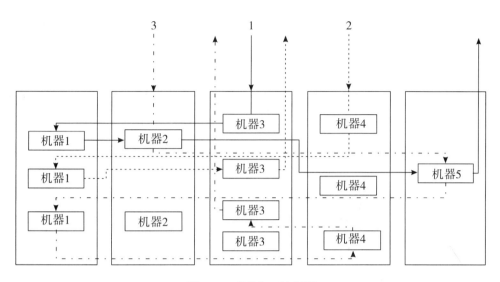

图 7-10 产品加工流程图

7.3.2 建模过程

(1) 模型布局如图 7-11 所示。

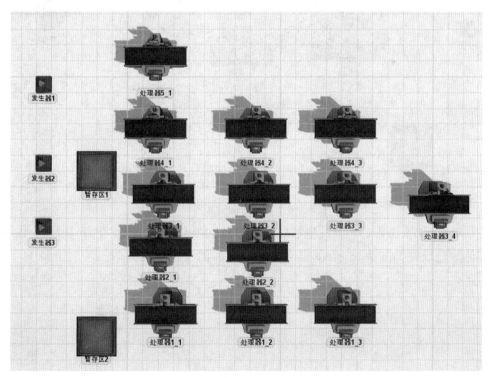

图 7-11 模型布局

(2) 连线。以下所有连线均使用"A"键连接：连接发生器 1、发生器 2、发生器 3 至暂存区 1；连接暂存区 1 至处理器 1_1、处理器 1_2、处理器 1_3；连接暂存区 1

至处理器2_1、处理器2_2;连接暂存区1至处理器3_1、处理器3_2、处理器3_3、处理器3_4;连接暂存区1至处理器4_1、处理器4_2、处理器4_3;连接暂存区1至处理器5_1;连接处理器1_1、处理器1_2、处理器1_3至暂存区1;连接处理器2_1、处理器2_2至暂存区1;连接处理器3_1、处理器3_2、处理器3_3、处理器3_4至暂存区1;连接处理器4_1、处理器4_2、处理器4_3至暂存区1;连接处理器5_1至暂存区1;连接暂存区1至暂存区2。实体间连线如图7-12所示。

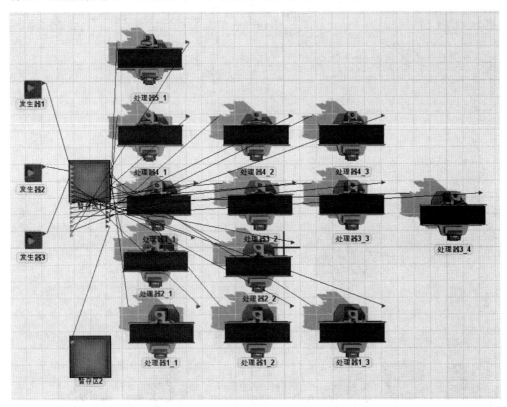

图7-12 实体间连线

(3)设置发生器。3个发生器代表3种临时实体类型,以发生器1为例,临时实体颜色设置如图7-13所示,其余两个发生器的设置过程类似。

第 7 章 Job-Shop 生产系统建模与仿真

图 7-13 临时实体颜色设置

(4) 设置全局表。通过全局表设置各个产品的加工路径,其中工序 6 表示加工结束进入暂存区 2,如图 7-14 所示。

	gongxu1	gongxu2	gongxu3	gongxu4	gongxu5	gongxu6
chanpin 1	3	1	2	5	6	0
chanpin 2	4	1	3	6	0	0
chanpin 3	2	5	1	4	3	6

图 7-14 通过全局表设置加工路径

(5) 设置第一个暂存区的进入触发器。该设置的功能是:当产品首次进入暂存区 1 时,为其添加工序号 1,以便通过全局表查找相应的机器组,当产品再次进入暂存区 1 时,其工序号值增加 1,表示下一个加工工序,以此类推,具体如图 7-15 所示。

```
1/**Custom Code*/
2 Object current = ownerobject(c);
3 Object item = param(1);
4 int port = param(2);
5
6 if(port<=3)
7 {
8     Variant productionNo=item.labels.assert("productionNo").value=1;
9 }
10 else
11 {
12
13     item.labels["productionNo"].value+=1;
14 }
```

图 7-15　在暂存区 1 的进入触发为产品添加工序号

（6）设置加工机器采用拉入策略。首先添加数值标签，表示机组号，以机组 1 为例，设置如图 7-16 所示。按相同方法给其他机组添加 2、3、4、5 的数值标签。

图 7-16　机组号设置

采用拉式策略拉入相应的临时实体，设置如图 7-17 所示。

图 7-17　勾选"拉入策略"

设置完机组号后,需要设置各台机器临时实体的进入策略,本案例中可采用拉入策略,以机器 1_1 为例,设置如 7-18 所示,其余各台机器的设置以此类推。

```
1 /**Custom Code*/
2 Object current = ownerobject(c);
3 Object item = param(1);
4 int port =  param(2);
5
6 int row=item.labels["leixing"].value;
7 int column=item.labels["productionNo"].value;
8 int nextprocedure=gettablenum("productionroute",row,column);
9 int cur_class=current.labels["classes"].value;
10 if (cur_class==nextprocedure)
11 {
12     return 1;
13 }
```

图 7-18　拉入条件设置

设置其他机器,可以采用"编辑选中临时实体"的方式复制该段代码的其他临时实体,这里以机器 1_2 为例进行解释,其余机器的设置类似。

首先红选(即选中)机器 1_2,在"视图"工具栏下选择"编辑选中实体",如图 7-19 所示,然后黄选处理器 1_1,如图 7-20 所示,并在右端的快捷菜单中选择"复制高亮实体的属性",即可实现复制功能,如图 7-21 所示。

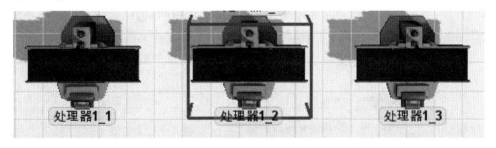

图 7-19　红选处理器 1_2

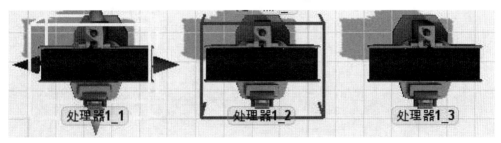

图 7-20　黄选处理器 1_1

图 7-21　实现属性复制

(7)在处理器的进入触发选项卡中添加标签。通过添加标签,判断临时实体的加工路线是否正确,以机器 1_1 为例,设置如图 7-22 所示,其余机器的设置与此类似。可采用上述方式,复制机器 1_1 的进入触发快速设置。

图 7-22　在机器进入触发中添加标签

(8)设置不同机组加工不同类型临时实体的加工时间。各产品在工序上的加工时间各异,故需要设置各个机器对各产品的具体加工时间,仍以机器 1_1 为例,产品 1、产品 2、产品 3 在其上的加工时间分别为 36 s、48 s、42 s,设置如图 7-23 所示。

图 7-23　不同类型实体的加工时间设置

(9)设置暂存区 2。为暂存区 2 添加标签,标签值为 6,表示最后一道工序,具体设置如图 7-24 所示。

图 7-24　为暂存区 2 添加标签及值

在暂存区 2 的进入触发添加标签,以跟踪加工路径,如图 7-25 所示。

```
/**Custom Code*/
Object current = ownerobject(c);
Object item = param(1);
int port = param(2);

item.labels.assert(current.name).value=current.labels["classes"].value;
```

图 7-25　暂存区 2 的进入触发设置

同样,设置暂存区 2 采用拉入策略,拉入不同的临时实体,具体设置如图 7-26 和图 7-27 所示。

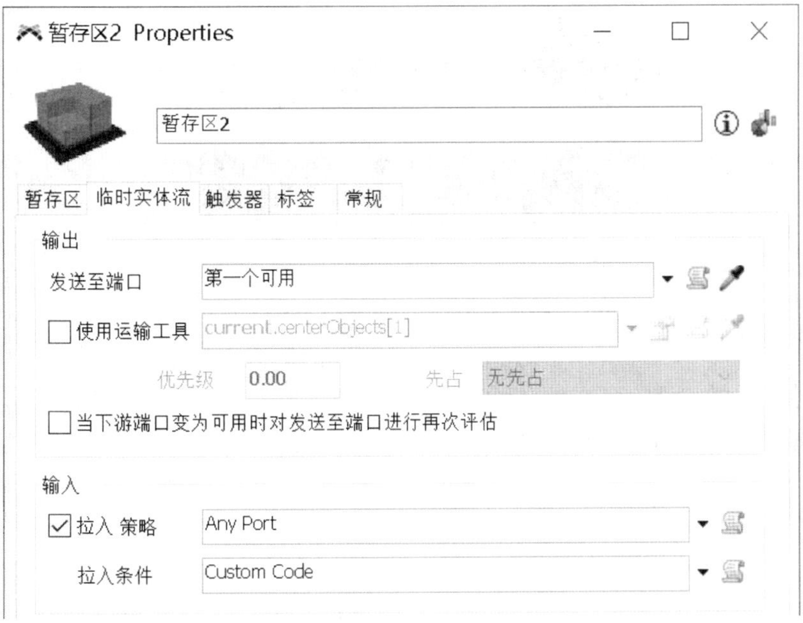

图 7-26　勾选"拉入策略"

```
暂存区2 - Pull Requirement
 1 /**Custom Code*/
 2 Object current = ownerobject(c);
 3 Object item = param(1);
 4 int port =  param(2);
 5
 6 int row=item.labels["leixing"].value;
 7 int column=item.labels["productionNo"].value;
 8 int nextprocedure=gettablenum("productionroute",row,column);
 9 int cur_class=current.labels["classes"].value;
10 if (cur_class==nextprocedure)
11 {
12     return 1;
13 }
```

图 7-27　拉入条件设置

(10)运行模型,查看仿真结果,如图 7-28 所示。

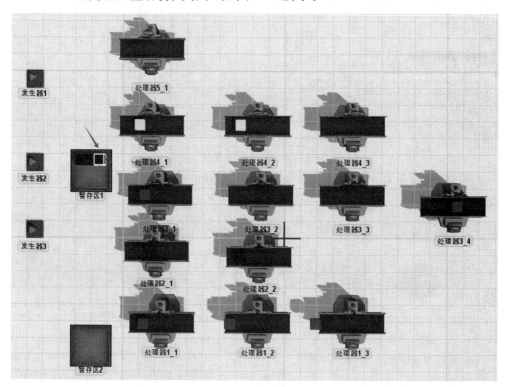

图 7-28　仿真运行结果

点击某一在制品,可查看其加工过程,如点击已完工的红色临时实体,可在快捷属性窗口观察其加工过程是否符合要求,如图 7-29 所示。

第 7 章 Job-Shop 生产系统建模与仿真

图 7-29 加工过程的追踪

本章课后习题

1. 某企业 3 种产品要在某加工单元进行加工,该加工单元共有 5 台设备,分别构成 5 个工序,3 种产品的工艺路径及加工时间见表 7-2。请根据以下信息建立仿真模型。

表 7-2 工艺路线及加工时间(时间单位为秒)

产品	工序 1		工序 2		工序 3		工序 4	
	所用机器	加工时间	所用机器	加工时间	所用机器	加工时间	所用机器	加工时间
产品 1	机器 1	10	机器 3	15	机器 5	12	—	—
产品 2	机器 1	15	机器 2	12	机器 4	15	—	—
产品 3	机器 2	20	机器 3	10	机器 4	10	机器 5	15

要求:

(1) 3 种产品以"产品 1—产品 2—产品 3"的顺序以成批方式到达,批量分别为 10 个、5 个、8 个,产品 1 与产品 2 的时间间隔为 30 s,产品 2 与产品 3 的时间间隔为 30 s(建议利用到达时间表)。

(2) 利用全局表相关知识将产品按加工工艺顺序分别送至相应的机器。

(3) 没有加工完的产品全部放在同一堆放区中。

2. 在实际生产过程中,当设备加工物品从 A 类型换为 B 类型时,往往需要一些复杂的换型工作,如果被加工物品的类型频繁更换,那么加工设备也要频繁换型,会造成大量时间浪费,因此,往往需要一机器加工完某特定数量的同一类型货物时,才能接受新类型的货物进入新类型的加工。本题中有 4 种待加工产品,批量均为 18,每更换一类产品,设备需旋转 90°,通过运动学实现实体的运动。请根据以上信息建立仿真模型。

第 8 章　推式和拉式生产系统建模与仿真

8.1　相关理论知识

8.1.1　推式生产原理

计划部门根据市场需求,按照物料清单计算出每种零部件的需求量和各生产阶段的提前期,确定每种零部件的投入产出计划,按照计划发出生产指令和采购订货指令。各车间各工序均按计划生产零部件,将实际完成的情况反馈到生产计划部门,并将加工完的零部件送到下一道工序或下游生产车间,整个生产过程相当于从前工序向后工序推动,这种生产方式称为推式生产。

推式生产的物流和信息流程如图 8-1 所示。在推式生产方式下,各车间或各工序工人接收到计划人员的指令后就开始生产,直至完成生产任务,不受前后工序或车间的影响。推式生产的理念是:在时间上追求提前完成任务,在数量上追求超额完成任务。这种生产方式是在传统生产观念指导下形成的。

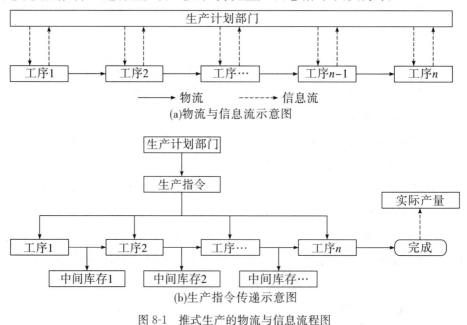

图 8-1　推式生产的物流与信息流程图

8.1.2 推式生产分析

推式生产作为一种传统的生产方式已经无法满足准时化生产的要求,它的问题主要表现在如下两个方面:

(1)推式生产的物流和信息流基本上都是分离的,也就是说,工人在各干各的,当后工位操作者因某种原因不能正常生产时,其他工位不会受影响而继续生产。对后工位来讲,前工位只是提前使用了人力和材料而已,产生了中间库存,进而造成搬运和堆积的浪费,并使先入先出变得困难,生产周期变长。

(2)中间库存的增加将会导致库存存放的器具增加,而不管是库存还是器具,都会占用资金,进而增加利息支付。更为重要的是,由于信息不畅,生产线出现异常也不停线,所以无法区分生产线的异常和正常,从而失去不断改善的机会,隐藏了各种浪费现象。

上述现象在推式生产中比较常见。由于在生产中难免受到多方面的因素困扰,如设备故障、品质不良、缺料等,经常不能做到每道工序都按时完成,且一般产品通常都是由许多零部件组成的,零部件的精确提前期又很难确定,最终导致计划产量与实际产量不符。

8.1.3 拉式生产原理

与推式生产相反,拉式生产是从市场需求出发,先由市场需求信息决定产品组装,再由产品组装拉动零部件加工。每道工序或每个车间都按照当时的需要向前一道工序或上游车间提出需求,发出工作指令,上游工序或车间完全按照这些指令进行生产。由于这时物流和信息流是结合在一起的,整个过程相当于从后工序向前工序拉动,故这种生产方式被称为拉式生产。

拉式生产的物流与信息流程如图 8-2 所示。从图中可知,生产计划部门只制订最终产品计划,计划下达到最后的车间或工序,其他车间或工序按照下游车间或后工序的指令来确定生产。

在拉式生产中,由于只将生产计划下达到最后一道工序,使得计划的制订与控制变得更加简单,但却增加了操作过程中生产单元之间的协调难度。为了更有效地实施拉式生产计划,早期的精益思想先驱发明了"看板"这一简单工具,依靠看板作为信息的载体,在各工序、车间、协作厂之间传递生产指令或搬运指令。

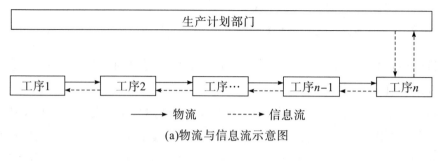

(a) 物流与信息流示意图

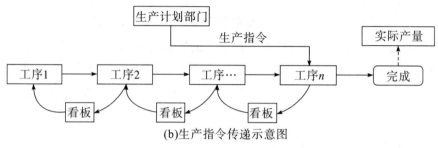

(b) 生产指令传递示意图

图 8-2 拉式生产的物流与信息流程图

8.1.4 拉式生产分析

按照拉式生产的原则,若每道工序都按下道工序的要求,在适当的时间按需要的品种与数量进行生产,就不会出现计划产量和实际产量不符的现象,也就不会出现中间库存。拉式生产系统可以真正实现按需生产。因此,精益生产采用拉式生产系统,生产指令由最后一道工序开始,在需要的时候依次向前传递,这就使准时化生产成为可能。特别是在采用看板这种管理工具之后,看板就成为精益生产方式中最为显著的管理工具,在保证适时适量生产中起着至关重要的连接作用。

8.1.5 推式生产与拉式生产的比较

推式生产与拉式生产的比较见表 8-1。

表 8-1 推式生产与拉式生产的比较

比较项目	推式生产	拉式生产
定义	根据预测或计划为用户提供货源	一种控制资源的流动方法,通过只补充消耗的资源来实现
产量	产量预测	产量精确
物料	估计使用量	实际消耗量
生产	大批量	小批量
存货	大量存货	少量存货
资源	浪费	减少浪费
管理	救火式管理	目视管理
沟通	沟通不畅	沟通畅达

8.2 相关仿真工具及功能

8.2.1 分解器

分解器用来将一个临时实体分成几个部分,有拆包和分解两种模式,如图 8-3 所示。如果分解器处于拆包模式,则预置和加工时间一结束,就会从临时实体中拆分出一定数量的产品,拆出的临时实体被释放之后,再释放容器。如果分解器处于分解模式,则预置和加工时间一结束,分解器就复制一定数量的临时实体,然后释放它们。

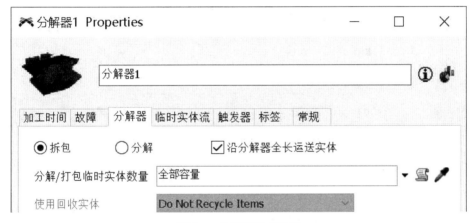

图 8-3 分解器选项设置

对于拆包和分解两种模式,一旦所有的临时实体离开分解器,分解器将立即接收下一个临时实体。拆包数量与分解数量存在细微的差别。在拆包模式中,分解器可以精确地拆出指定数量的临时实体,这意味着总的临时实体数量比拆包数量多1(拆包数量+容器临时实体)。然而,在分解模式中,分解器复制临时实体的次数等于分解数量减1,这意味着得到的临时实体总数与分解数量相等。

对于拆包顺序,当分解器处于拆包模式时,它采用从后向前的方式对容器进行拆分。也就是说,它首先将最后一个临时实体从容器中拉出,然后拉出倒数第二个,依次类推。如果需要按特定次序拆包,可以在进入触发器中设定它们的排序。

8.2.2 消息触发

消息触发是指当前实体接收到其他实体发送的消息时才会触发的触发器,相当于现实生活中当我们接收到某种指令时才会去执行某命令。当其他实体使用"发送消息",或者使用代码命令 sendmessage()或 senddelayedmessage()将一条消息发送给实体时,执行此函数。每个命令可以访问 3 个用户自定义的参数,如图 8-4 所示。

传递变量 current:当前实体;msgsendingobject:发送消息的实体;msgparam(1):消息的第一个参数;msgparam(2):消息的第二个参数;msgparam(3):消息的第三个参数。

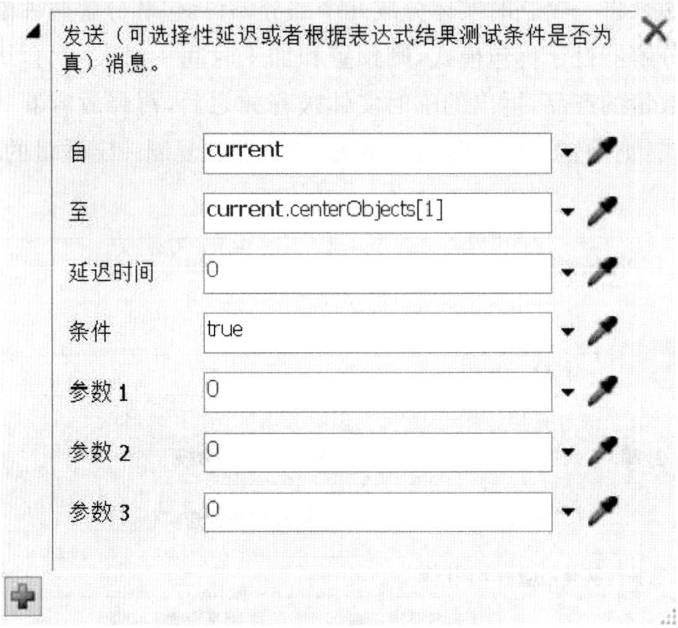

图 8-4 发送消息参数设置界面

消息触发有 3 个基本用途:第一,触发某个触发器之后,延迟一段时间来执行某个命令或一段代码。第二,根据传递过来的不同消息(可以来自不同实体)来执行不同的具体操作,有利于代码的集中控制(避免代码散落在多个不同实体的不同触发器里)。第三,循环执行某段相同(或基本相同)的代码,直到符合某种条件为止。

8.3 推式生产系统建模与仿真案例

8.3.1 案例背景

某企业产品市场销路好,供不应求,为了进一步占领市场份额,需要新建一条生产线,同时由于产品供不应求,该企业决定采用面向库存的推式生产模式,假设已有初步的设计方案,相关假设与处理流程如下:

(1)保证原材料是充足的。

(2)原材料送至机器 M1 前,每耗时 uniform(60,100)s 加工出 1 件半成品;1

个单位原材料能加工出 8 件半成品。

(3)依次送到其他各道工序加工:到机器 M2 前加工,每件半成品加工时间为 uniform(3,5)min;到机器 M3 前加工,加工时间为 normal(300,30)s;到机器 M4 前加工,加工时间为 normal(6,1)min;最后成为最终产品。

(4)工序 M2、M3 及 M4 要求每加工 2 个半成品之后需要 uniform(30,60)s 的调整时间。

(5)原材料经过四道工序加工成成品,进入成品库储存;假设仓库容量足够大。

(6)当机器 M1 加工完一个原材料时,立即从原材料库中提料,保持持续生产。

(7)当有订单或需求到达时,按照需求提货出库,订单到达时间间隔服从随机分布 uniform(120,300)min;每个订单的需求量为 normal(60,10)个单位的产品。

请建立仿真模型,以便提前处理瓶颈工序。

8.3.2 建模过程

(1)布局。该模型布局如图 8-5 所示。

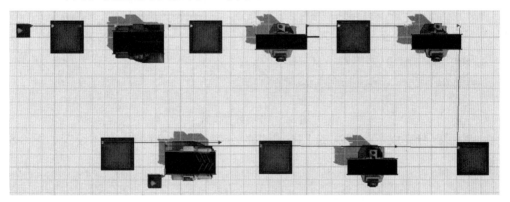

图 8-5 模型布局

(2)设置原材料分解。原方案中要求每耗时 uniform(60,100)s 加工出 1 件半成品;1 个单位原材料能加工出 8 件半成品,故设置如下:分解数量设置为 8,分解时间设置为 0。具体设置情况如图 8-6 和图 8-7 所示。

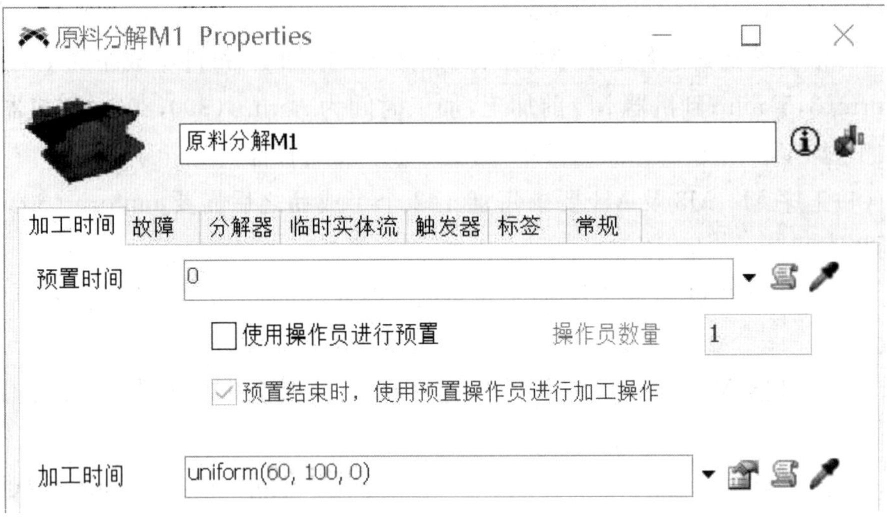

120 | 生产系统建模与仿真

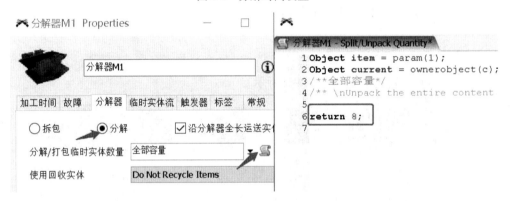

图 8-6　分解时间设置

图 8-7　分解数量设置

为了区分完成了分解这道工序,可以在分解之后改变颜色,具体设置如图 8-8 所示。

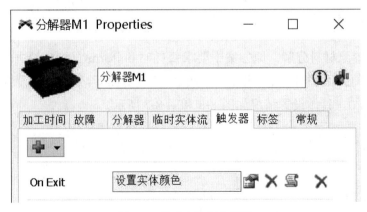

图 8-8　临时实体颜色设置

(3)设置 M2、M3 及 M4 的加工时间。设置 M2、M3 及 M4 的加工时间与设置 M1 的加工时间基本类似,这里需要注意的是时间单位的变化(分钟时间单位需要转化为秒时间单位)。具体设置如图 8-9、图 8-10 和图 8-11 所示。

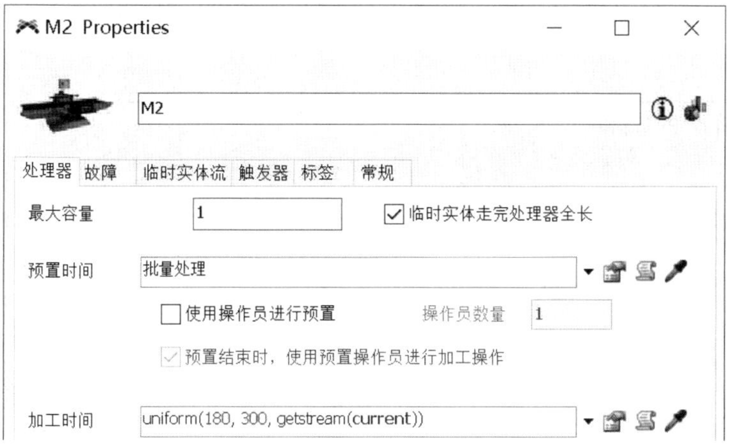

图 8-9 M2 的加工时间设置

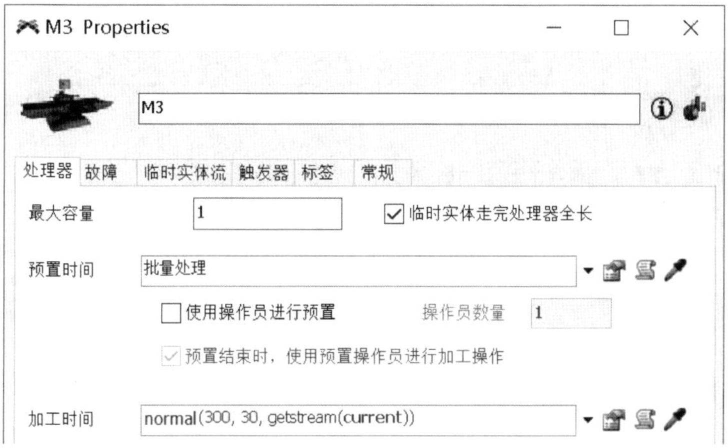

图 8-10 M3 的加工时间设置

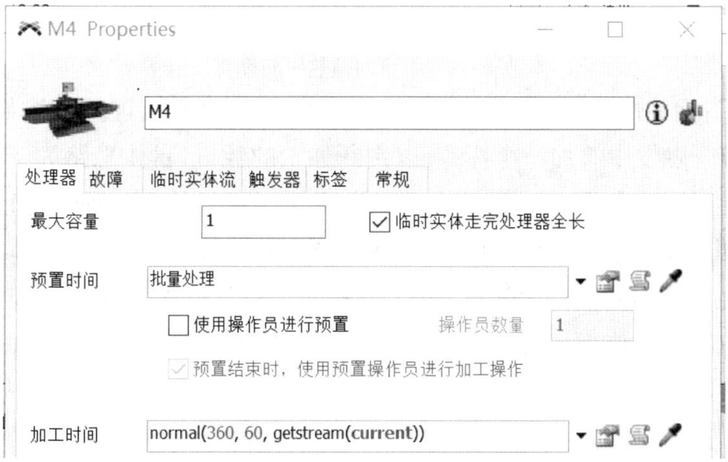

图 8-11 M4 的加工时间设置

(4)设置预处理时间,即完成每加工 2 个半成品之后需要 uniform(30,60)s 的调整时间。这里有直接设置法和标签值判断法两种方法。

方法一:直接设置法。以工序 M2 为例进行介绍,具体设置如图 8-12 和图 8-13 所示。

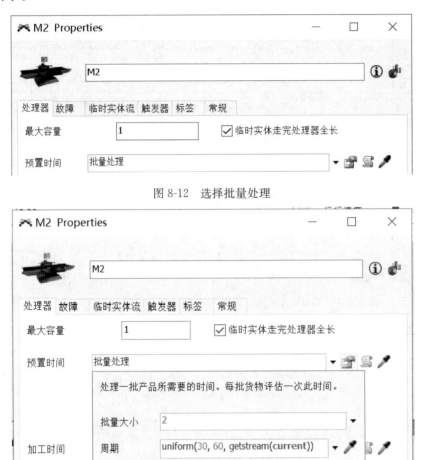

图 8-12　选择批量处理

图 8-13　批量的预热时间设置

方法二:标签值判断法。以工序 M2 为例进行介绍,设置的方法如下。在工序 M2 的离开触发中添加一个标签,以判断加工的数量,具体思路为:①给处理设置一个标签,值为 0。②在处理器离开触发中设置标签值+1,如果+1 后等于 3,则重新复制为 1。这样标签值可以表示机器在调整后加工了几个实体,如图 8-14 所示。③在处理器的准备时间中,可以设置根据标签值选择准备时间,标签值为 1 则时间为 0,标签值为 2 则时间为 uniform(30,60),具体设置如图 8-15 和图 8-16 所示。

图 8-14 标签值设置

根据标签值来判断预热时间,具体设置如图 8-15 和图 8-16 所示。

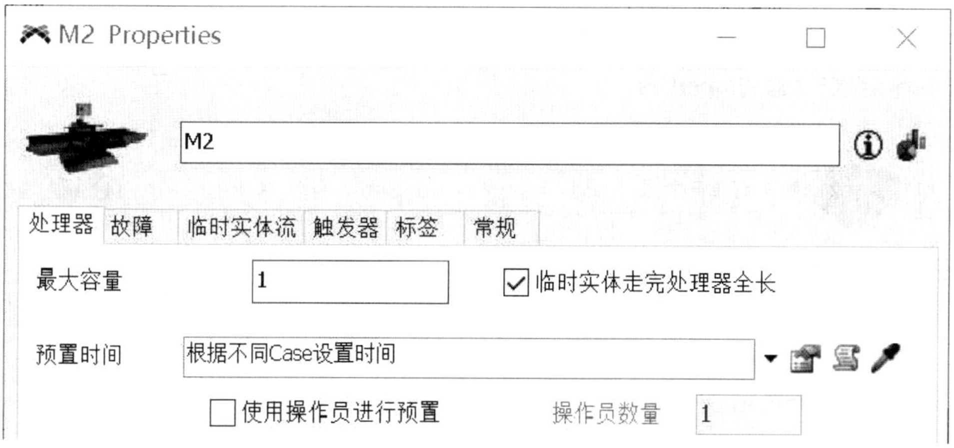

图 8-15 预置时间设置

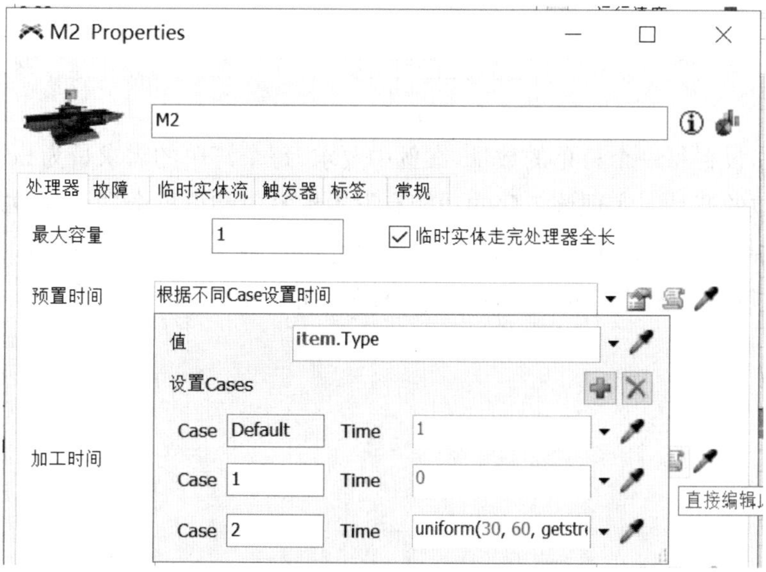

图 8-16 根据不同标签值设置预置时间

在重置触发中进行设置,以保障在模型重置时标签值恢复为 0,具体设置如图 8-17 所示。

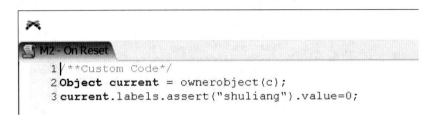

图 8-17　重置触发设置

按照同样的方法可以设置工序 M3 和 M4,此处不再赘述。

(5)设置订单。先连接托盘发生器至合成器,再连接成品库至合成器。

首先,设置订单到达时间间隔,案例中要求,订单到达时间间隔服从随机分布 uniform(120,300)min,具体设置如图 8-18 所示。

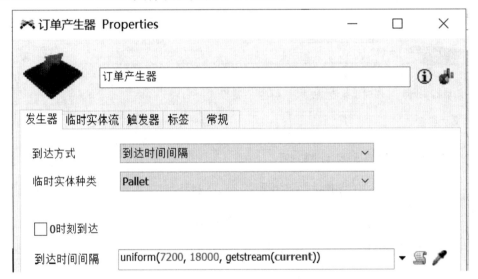

图 8-18　订单到达时间间隔设置

其次,设置每一个订单的数量,案例中要求,每个订单的需求量为 normal(60,10)个单位的产品。实现该工序的功能有设置标签值和设置全局表两种方法。

方法一:设置标签值。订单产生中每产生一个托盘代表一个订单,并在离开触发中为每一个随机订单设置一个数量标签,如图 8-19 所示。

第 8 章 推式和拉式生产系统建模与仿真

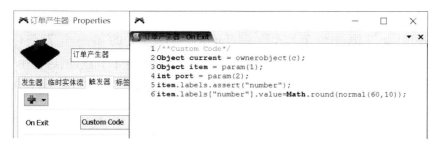

图 8-19 为每一个随机订单设置一个数值标签

然后在合成器进入触发下进行相应的设置，实现合成器对订单数量的实时变化，具体设置如图 8-20 所示。

图 8-20 合成器进入触发设置

其中，第 8 行是找到 componentlist（即合成列表）这个树节点，实现对合成器中合成列表这个节点的引用，返回一个节点变量，如图 8-21 所示。

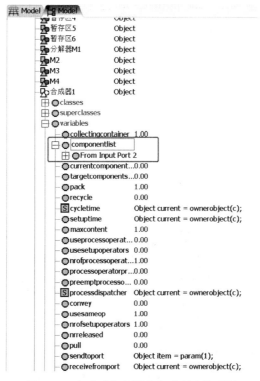

图 8-21 实现对合成器中合成列表的引用

第9行是设置componentlist这个树节点下面第一个节点的值为number，给componentlist下第一个节点（From Input Port 2）下的第一个节点（Target Quantity）赋值，即先用rank()找到From Input Port 2这个节点，然后再用first()找到它下面的第一个节点，即用first()找到Target Quantity。rank 1和first()的功用是一样的，如图8-22所示。

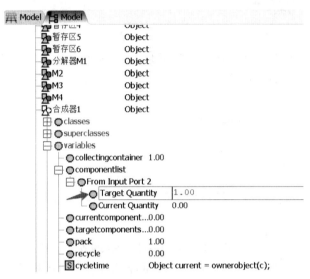

图 8-22 找个树节点

第10行是赋值给targetcomponentsum这个节点。

图 8-23 给树节点赋值

注意：setnodenum 可以设置任何节点的值，而 setvarnum 只能设置 variables 这个节点的子节点的值，因此，setvarnum 对 variables 子节点的子节点引用不到，如 Target Quantity 就应用不到，应该用 setnodenum。

修改了这两个值，就可实现对组合列表的修改。

方法二：设置全局表（自己尝试）。

在订单产生器创建一个全局表。思路：订单的产生可以用发生器，每产生一个临时实体就表示一个订单，因此，可以在发生器的创建触发器中返回一个服从 normal() 的值，把它写在全局表里，然后从全局表中读取订单数量。

在"工具"工具栏下创建全局表"shuliang"，具体设置如图 8-24 所示。

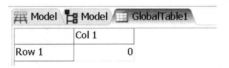

图 8-24　创建全局表

在订单产生器的创建触发下，按图 8-25 所示进行设置。

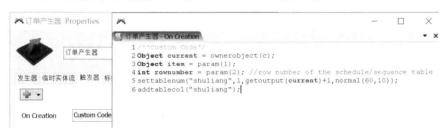

图 8-25　订单产生器设置

在合成器进入触发中选择更新合成器组件列表，如图 8-26 所示。

图 8-26　合成器组件列表设置

在订单产生器的重置触发中设置在模型重置时将全局表中的数字清空,具体设置如图 8-27 所示。

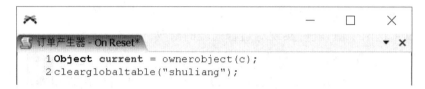

图 8-27　重置触发设置

(6)运行模型,查看仿真结果,如图 8-28 所示。

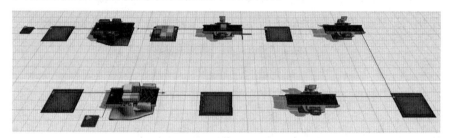

图 8-28　查看仿真结果

8.4　拉式生产系统建模与仿真案例

8.4.1　案例背景

某企业生产线采用拉式生产,经过市场调研,欲生产 A 类产品 10 件、B 类产品 20 件,A 类产品由 2 件部件 1 和 1 件部件 2 组装而成,B 类产品由 1 件部件 1 和 1 件部件 2 组装而成。请利用 FlexSim 进行拉式生产系统仿真,各机器加工时间采用系统默认时间。

8.4.2　建模过程

(1)模型布局及连线。实体之间均采用"A"连接,如图 8-29 所示,注意"订单"必须为"产品装配"的一号输入端口。

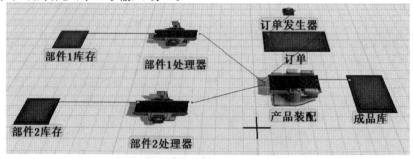

图 8-29　模型布局及连线

(2)订单发生设置。根据案例要求生产 A 类产品 10 件、B 类产品 20 件,设置发生器到达方式为"到达序列",并设置"chanpin"标签。在发生器的创建触发中设置产品颜色,具体设置如图 8-30 和图 8-31 所示。

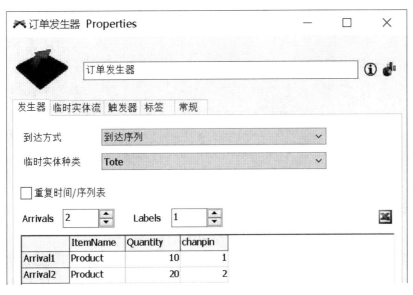

图 8-30 产品到达方式设置

图 8-31 产品颜色设置

(3)装配设置。根据案例背景,需设置一个 2 行 2 列的全局表,在创建触发中选择"更新合成器组件列表",以实现产品不同部件的组装,具体设置如图 8-32 所示。

图 8-32　产品组装设置

在产品重置触发中设置发送消息,分别发送物料信息至两个部件库,实现下游物料信息发送至上游,部件库根据上游的订单信息精准准备物料,实现零库存生产。部件 1 需要准备 40 件,部件 2 需要准备 30 件,具体设置如图 8-33 和图 8-34 所示。

图 8-33　向部件 1 库存发送消息

图 8-34 向部件 2 库存发送消息

(4)部件库库存设置。两个部件库根据收到的物料信息准备物料,在消息触发中设置创建临时实体,如图 8-35 所示。

图 8-35 创建临时实体设置

（5）部件处理器设置。部件处理器每加工一件产品，"bujian"标签递增1，实现对生产过程的监控。当产品加工数量达到上游要求后，则关闭处理器的输入端口，停止加工。在处理器进入触发、离开触发、重置触发中设置，处理器2的设置与处理器1的设置类似，具体设置如图8-36、图8-37和图8-38所示。

图 8-36　进入触发设置

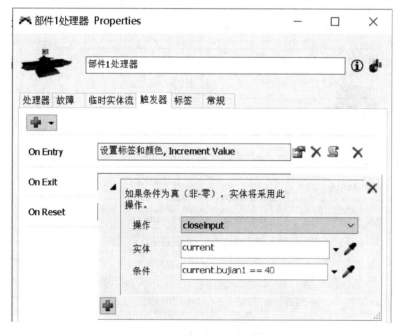

图 8-37　离开触发设置

图 8-38 重置触发设置

(6)模型运行结果,如图 8-39 所示。模型运行结束后,部件库应当是零库存,处理器的输入端口应当处于关闭状态,成品区的产品数量应当符合订单要求。

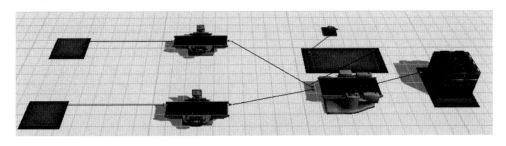

图 8-39 模型运行结果

本章课后习题

1.有 3 种产品,经过各自的传送带后,要经过同一个处理器,但是处理器有固定的加工顺序,产品加工顺序为 1、2、1、3、1,若 1 加工完了 2 还没有到处理器,就要等待 2 的到来,而不会加工先到来的 1,请实现该仿真系统。

提示:核心在于实现处理器根据全局表拉入规定加工顺序中的产品。

2.某企业对某一产品进行染色处理,原材料到达时间服从均值为 10 s 的 exponential 分布,原材料到达后置于暂存区 1,到染色机进行染色,其加工时间均为 10 s,染色后产品的颜色变为红色,染色后的产品需要在染色机上停滞 8 s,让涂料晾干,当产品晾干后染色机才能再次进行工作,染色结束后,染色后的产品流向下游。请建立该仿真模型。

提示:考察消息触发及简易动画的制作方法。

第 9 章　混合流水线系统建模与仿真

9.1　相关理论知识

多对象流水线生产有两种基本形式。一种是可变流水线,其特点是:在计划期内,按照一定的间隔期成批轮番生产多种产品;在间隔期内,只生产一种产品,在完成规定的批量后,生产另一种产品。另一种是混合流水线,其特点是:在同一时间内,流水线上混合生产多种产品,按固定的混合产品组组织生产,即将不同的产品按固定的比例和生产顺序编成产品组,一组一组地在流水线上进行生产。

9.1.1　混合流水线的概念及其特征

混合流水线是在同一条流水线上按固定的顺序同时生产多种产品的方式,是现代汽车等生产企业普遍采用的生产方式。混合流水线具有以下特征:

(1)由于是流水线生产,不允许频繁调整设备,要求产品是结构和工艺特征相似的系列产品。

(2)采用混合流水线生产方式,使企业实现多品种、小批量、大规模生产的目的,具有流水线大规模生产、高效率和低成本的优点,能提高生产系统的灵活性,能随时满足市场多样化的需求,可提高企业的竞争能力。

(3)混合流水线具有突出的优势,但其组织设计难度大,对产品设计和生产技术要求更高。具体表现为:①产品的系列化、标准化、通用模块化程度较高。②在加工中转换产品时要求快速调整设备,如快速更换模具、夹具、工具等。③各生产环节要求衔接顺畅,尽量实现同步化。④要求有训练有素和能够胜任多工种的生产工人等。

9.1.2　混流装配线的概念及其特征

装配线是工作地按产品装配工艺路线的先后顺序排列,装配对象按规定的速度,按一定的要求在每个工作站逐步附加一些零部件,以流水方式完成所有工序并转换为最终制品的一种生产组织形式。

混流装配线是指在一定时间内,在同条生产线上生产出多种不同型号的产品(一般指同一产品族),产品品种可随客户需求的变化而改变。

混流装配线在基本不改变现有生产手段、生产条件和生产能力的条件下,通

过改变生产组织,在同条装配线上可同时加工多个品种的产品,具有以下特点:

(1)产品型号多,状态变化快,单品种装配线的产品型号唯一,混流装配线的产品型号多变,甚至单件生产;装配线上产品型号切换频率高。

(2)由于产品型号种类多,产品所需的零部件种类也多。

(3)产品结构相似,在混流装配线上生产的产品虽然型号不同,但一般都是同一产品族下的相似型号,在结构与工艺上存在相似性。

(4)装配过程的动态性。混流装配线需按客户订单需求进行生产,因此,会经常调整装配线(如工作站的调整与重组、物流配送系统调整、工装夹具更换等),以适应产品型号的切换与新型号的插入。

(5)产品装配工艺流程具有差异性,不同产品型号按照相同的顺序通过装配线的每个作业域,然而,由于不同品种在装配工艺上具有差异性,在部分作业域,不同品种的操作内容不同,甚至不需要操作。

9.2 相关仿真工具及功能

触发器是 FlexSim 的核心,每个实体都有适合自己的触发机制,常用的有创建触发、离开触发、进入触发、消息触发、重置触发等。触发器选项卡里的每个选项都是一个触发器,默认情况下,触发器中是没有代码的,或者仅拥有维持基本运作所必需的少量代码。在系统中,每发生一个关键事件,就会触发模型中的相应触发器,进而执行触发器内编写的代码。图 9-1 所示为处理器触发器选项卡。

图 9-1 处理器触发器选项卡

创建触发:发生器或其他固定资源类实体创建临时实体时调用此函数或执行此代码。访问变量 current:当前实体;item:创建的临时实体。

进入/离开触发:当一个临时实体进入/离开实体时,调用此函数。访问变量 current:当前实体;item:刚刚进入/离开的临时实体;port:临时实体进入/离开的端口号。

消息触发:当使用 sendmessage 或 senddelayedmessage 命令将一条消息发送给实体时,执行此函数。每个命令可以访问 3 个用户自定义的参数。

重置触发:当点击重置按钮或重置命令执行时进行的触发,多用于控制实体在模型运行初始的一些属性(主要有位置、旋转、颜色、端口初始关闭等)。若多个实体的重置触发器都有编写代码,则按照实体(在树结构中)的排序依次执行实体中的重置触发代码。

预置/加工时间结束触发:当预置/加工时间结束时进行的触发。系统在运行过程中,经过不同阶段的临时实体的某些属性(或标签)很可能发生改变(对于复合处理器而言,触发一次"加工时间结束"仅代表某一个工序的结束),一般选择在这两个触发器里对临时实体或实体本身的属性或外观进行修改。

9.3 混合流水线生产系统建模与仿真案例

9.3.1 案例背景

一个工厂加工 3 种类型产品,采用混合流水线生产方式,各产品都要按工艺顺序在 5 个不同的工序上进行加工。

假定在车间逐日连续工作的条件下,仿真在多对象标准化中采用不同投产顺序来生产给定数量的 3 种产品。通过改变投产顺序使产量、品种、工时和负荷趋于均衡,来减少时间损失。如果一项作业在特定时间到达车间,发现该组机器全都处在工作状态,该作业就在该组机器处排入一个先进先出规则队列的暂存区,如果有前一天没有完成的任务,第二天继续加工。相关数据见表9-1和表9-2。

表 9-1 各产品加工时间(单位:min)

产品	加工时间				
	工序 1	工序 2	工序 3	工序 4	工序 5
产品 1	5	5	4	4	6
产品 2	4	4	3	5	4
产品 3	4	5	3	4	1

表 9-2　产品加工总数及单个循环

产品	加工总数(个)	每批量(个)	时间间隔(min)
产品 1	1000	10	10
产品 2	500	5	10
产品 3	200	2	10

9.3.2　建模过程

(1)模型布局及连线。根据案例要求,从 FlexSim 实体库中拖拽相应的实体进行模型布局,并进行连线:发生器 1 至暂存区 1、暂存区 1 至工序 1、工序 1 至传送带 1、传送带 1 至工序 2、工序 2 至传送带 2、传送带 2 至工序 3、工序 3 至传送带 3、传送带 3 至工序 4、工序 4 至传送带 4、传送带 4 至工序 5、工序 5 至传送带 5、传送带 5 至吸收器 1。模型布局及连线结果如图 9-2 所示。

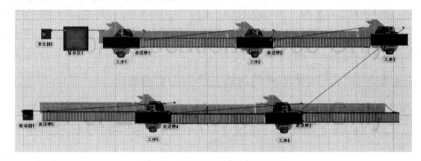

图 9-2　模拟布局及连线结果

(2)给发生器指定临时实体流到达参数。案例中要求类型为 1 的产品共 1000 个,每批 10 个,时间间隔为 10 min;类型为 2 的产品共 500 个,每批 5 个,时间间隔为 10 min,类型为 3 的产品共 200 个,每批 2 个,时间间隔为 10 min,故需要对发生器进行设置,具体设置如图 9-3 所示。

图 9-3　产品到达信息参数设置

注意:循环模式执行完最后一行会立即跳转到第一行,中间是没有时间间隔的,加第四行的目的是,使循环的时候产生的时间间隔都为 10 min。如果没有第四行,执行完第三行会立即跳转到第一行,中间没有时间间隔,而在这里想要的是间隔时间为 10 min 的循环,所以加了第四行。如果只让发生器产生前三行,则取消"重复时间/序列表"前面的钩。同时,案例中共有 3 种产品,需要在发生器的触发器下选择创建触发器选项卡,对临时实体的类型和颜色进行设置,具体设置如图 9-4 所示。

图 9-4 临时实体的类型和颜色设置

此外,为保证发生器产生且仅产生 1700 个临时实体,在发生器的触发器下对其离开触发进行设置,在离开触发下选择"关闭和打开端口",将条件设置为:current. stats. output. value==1699,具体设置如图 9-5 所示。

注意:因为在第 1700 个实体通过发生器的离开触发时,output 统计数量是

1699 个，而不是 1700 个，也可以说，实体在"离开触发"时还算在这个实体内，所以并未计入 output 统计当中。

图 9-5　发生器离开触发设置

(3)给暂存区设定参数。具体设置如图 9-6 所示。

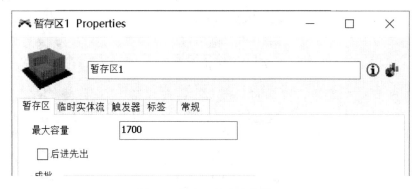

图 9-6　暂存区最大容量设置

(4)给工序 1 设定产品加工时间参数。在工序 1 上，产品 1 的加工时间为 5 min，产品 2 的加工时间为 4 min，产品 3 的加工时间为 4 min，需要对加工时间进行设置。以工序 1 为例，双击工序 1，在弹出的窗口里的加工时间下拉菜单栏里选择"根据不同的 case 执行相应的值"，如图 9-7 所示。

第 9 章 混合流水线系统建模与仿真

图 9-7 工序 1 上不同产品加工时间的设置

点击右边的 ⚙，在弹出的窗口中修改浅色字体，设置不同产品的加工时间，如图 9-8 所示。

```
1 /**Custom Code*/
2 Object current = ownerobject(c);
3 Object item = param(1);
4
5
6 Variant value = item.Type;
7
8 switch (value)
9 {
10     case 1:
11         return 300;break;
12     case 2:
13         return 240;break;
14     case 3:
15         return 240;break;
16     default:
17         return 1;break;
18 }
19 return 0;
20
```

图 9-8 工序 1 上不同产品加工时间的代码

即产品 1 的加工时间为 5 min,产品 2 的加工时间为 4 min,产品 3 的加工时间为 4 min。

(5)给工序 2 设定产品加工时间参数。在工序 2 上,产品 1 的加工时间为 5 min,产品 2 的加工时间为 4 min,产品 3 的加工时间为 5 min。具体设置过程如下:双击工序 2,在弹出的窗口里的加工时间下拉菜单栏里选择"根据不同 Case 设置时间",设置不同产品的加工时间,如图 9-9 所示。

图 9-9　工序 2 上不同产品加工时间的设置

(6)给工序 3 设定产品加工时间参数。在工序 3 上,产品 1 的加工时间为 4 min,产品 2 的加工时间为 3 min,产品 3 的加工时间为 3 min。具体设置过程如下:双击工序 3,在弹出的窗口里的加工时间下拉菜单栏里选择"根据不同 Case 设置时间",设置不同产品的加工时间,如图 9-10 所示。

图 9-10 工序 3 上不同产品加工时间的设置

(7)给工序 4 设定产品加工时间参数。在工序 4 上,产品 1 的加工时间为 4 min,产品 2 的加工时间为 5 min,产品 3 的加工时间为 4 min。具体设置过程如下:双击工序 4,在弹出的窗口里的加工时间下拉菜单栏里选择"根据不同 Case 设置时间",设置不同产品的加工时间,如图 9-11 所示。

图 9-11 工序 4 上不同产品加工时间的设置

(8) 给工序 5 设定产品加工时间参数。在工序 5 上,产品 1 的加工时间为 6 min,产品 2 的加工时间为 4 min,产品 3 的加工时间为 1 min。具体设置过程如下:双击工序 5,在弹出的窗口里的加工时间下拉菜单栏里选择"根据不同 Case 设置时间",设置不同产品的加工时间,如图 9-12 所示。

图 9-12　工序 5 上不同产品加工时间的设置

(9) 模型运行与仿真结果查看。点击"运行"按钮使模型运行起来。仿真过程中,可以看到红、绿、蓝三种不同颜色的产品从系统中流过,经过工序进行加工,最后离开系统,如图 9-13 所示。

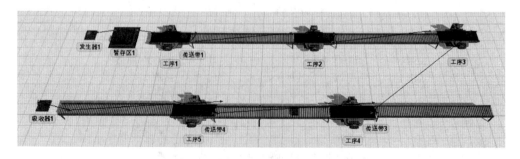

图 9-13　仿真场景

如果只关心仿真结果,而对仿真过程不感兴趣,则可以调节仿真速度控制比例条(图 9-14),加快仿真运行速度,迅速得到结果。

图 9-14　仿真速度控制比例条

思考:①通过仿真实验找到这个车间的瓶颈所在。②尝试改变产品的加工顺序与单个产品的数量,模型结果会有何不同?

本章课后习题

一批货物批量为 8,在机器 1 上加工 4 个,在机器 2 上加工 4 个,应如何实现?请建立仿真模型。

提示:考察分解器和端口的使用方法。

第 10 章 不同投产顺序下生产系统建模与仿真

10.1 相关理论知识

随着市场竞争越来越激烈以及用户对产品个性化需求的增加,基于订单的多品种、小批量混流生产模式被企业广泛采用。混合流水线中不同种类产品的投产顺序影响着企业的整体生产率。装配线平衡就是在工艺条件的约束下,按装配线节拍将所有装配工序进行合理分配,使每个工位(工作站)的负荷量尽量充足和均衡。

混合装配线必须解决两个独立且紧密相关的问题:流水线的平衡问题和产品排序问题。流水线的设计和平衡问题是生产中的长期决策问题,而投产排序决策是一个短期的决策问题。投产顺序决定混流装配线的生产率,从而影响整个企业生产过程。如果确定投产排序计划后先进行试生产,就会加大成本。因此,需要采用仿真的方法预先对投产排序计划进行分析,节约成本。常见的产品排序方法包括生产比倒数法和轮排图法。

1. 生产比倒数法

生产比倒数法是从各产品计划产量中找出最大公约数,计算各产品的生产比倒数,再按一定的规则确定生产顺序。在流水线上传送的顺序称为连锁。

一条混合流水线生产 A、B、C 三种产品,计划产量分别为 3000 件、2000 件和 1000 件,试用生产比倒数法确定投产顺序。

(1)计算生产比 X_i。用各产品产量的最大公约数除各产品的产量。本算例中的最大公约数为 1000,因此各产品的生产比如下:
$$X_A = 3000/1000 = 3; X_B = 2000/1000 = 2; X_C = 1000/1000 = 1$$
生产比总和为 6,表示 3 个 A 产品、2 个 B 产品和 1 个 C 产品构成一个循环流程。

(2)计算生产比倒数 m_j。各产品的生产比倒数如下:
$$m_A = 1/X_A = 1/3; m_B = 1/X_B = 1/2; m_C = 1/X_C = 1$$

(3)确定投产顺序。确定投产顺序的过程归纳在表 10-1 中。确定投产顺序的规则为:

①生产比倒数最小的产品先投产,如有多个最小生产比倒数,则安排最小生产比倒数晚出现的产品先投产。采用这一规则时,如出现连续投入某一品种,应排除这个品种,再按此规则排序。

②给已选定的生产比倒数 m_j 标上"*"号,并更新 m_j 的值,即在所选定产品的 $m_j{}^*$ 上再加上该产品的 m_j。

③重复以上过程,直至得到的连锁中各产品的数量分别等于它们的生产比。

表 10-1　用生产比倒数法确定投产顺序

计算次数	A 产品	B 产品	C 产品	确定产品顺序
1	1/3*	1/2	1	A
2	2/3	1/2*	1	AB
3	2/3*	1	1	ABA
4	1	1*	1	ABAB
5	1*	—	1	ABABA
6	—	—	1*	ABABAC

2. 轮排图法

所谓"轮排图",就是指生产中各品种及生产数量的排列图,它形象地描述了各品种的生产排序。

假设每天需要生产 100 件产品,其中产品 X 需要 50 个,产品 Y 需要 30 个,产品 Z 需要 20 个,依照均衡化生产计划的方式,X、Y、Z 的生产比例为 5∶3∶2,最小生产批量可以按照每个循环 10 个产品,一天共 10 个循环,生产节拍为 480 min/100＝4.8 min。在同一条生产线生产,就可以做成一个圆盘形的轮排图,划分成 10 个等分,其中,产品 X 以每 2 个等份安排一个,产品 Z 约每 4 个等份安排一个,产品 Y 则安排在其余的空格内,如图 10-1(a)所示。

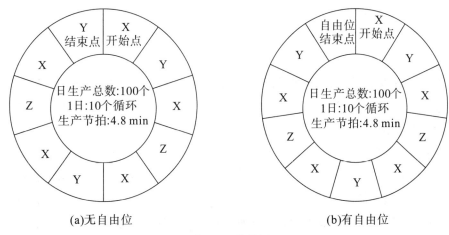

(a)无自由位　　　　　　　　　　(b)有自由位

图 10-1　轮排图

这样安排是很理论化的,因为需要每一个产品都能准确地在 4.8 min 内完成生产。在实际生产中,可能会出现延迟的情况,如再按照这样的方式生产,就有可能无法按时完成生产。为了增加生产安排的灵活性,可以增设一个自由位。自由位就是不指定具体产品的调整位,用自由位的时间来对应生产过程时间的调整,增加生产安排的灵活性。例如,可以将圆盘划分为 11 格,将最后一格规定为自由格,当这一循环的时间不能如期完成生产时,就利用自由位的时间来补救,如图 10-1(b)所示。自由位所占用的时间可以比正常的生产节拍少。因为有自由位的时间占用,有效的工作时间跟着减少,节拍时间也会变短。

10.2 相关仿真工具及功能

实验器可以自动运行不同的模型方案,并收集方案结果。计算机仿真的一大优势是,可以在短时间内完成大量受不同随机因素影响的实验方案。为了获得真正有意义的结果,仿真模型运行次数必须足够多,才能最大限度地减少随机因素的影响,最终获得一个有效的绩效输出,实验器就是 FlexSim 中实现上述要求的工具。实验器在运行中不进行三维运作的呈现,因此,用户需要在使用之前完成模型校验,以确保实验结果的有效性。实验器方案选项卡如图 10-2 所示。

图 10-2　实验器方案选项卡

实验变量是指针对特定实验,想要修改的模型中的某个内容。它们可以是简单的标签值、全局表或者某个团队的操作员的人数。在方案选项卡中创建和编辑实验器变量,每个变量占据方案表格中的一行。

使用绩效指标选项卡可以定义实验中用于方案对比的绩效指标,如吞吐量、平均等待时间等。绩效指标结果窗口中显示每个绩效指标的数据。数据的显示方式包括重复运行点状图、频率直方图、相关性点状图(检测多个绩效指标之间的相关性)、数据汇总和原始数据视图。

使用实验运行选项卡定义实验器的参数并运行实验。运行后可导出/合并结果,把结果保存为一个文件,或者从之前保存过的文件中装载结果,与当前的结果合并。导出功能可以将分析结果保存为一个".t"文件。装载功能可以把保存在文件中的结果装载到模型中,替换当前的结果。选中"每次重复运行"后导出结果,就可以在每次重复运行后把结果保存为一个文件。

10.3 不同投产顺序下生产系统建模与仿真案例

本案例通过对某电机厂装配车间进行 FlexSim 仿真分析,学习不同加工顺序对生产系统绩效的影响,掌握 FlexSim 中 experimenter 模块的使用方法,为以后结合优化算法与仿真对产品排序问题进行研究提供基础。具体而言,需要做到:①掌握产品排序问题的相关生产管理知识;②熟悉均衡生产的相关理论知识;③基本掌握 FlexSim 中实验器的使用方法;④能对产品不同排序背景下生产系统的绩效进行比较研究。

10.3.1 案例背景

某电机生产企业根据市场预测确定市场对其 4 种型号电机的需求量为:Y1 型号电机 200 台、Y2 型号电机 400 台、Y3 型号电机 300 台、Y4 型号电机 500 台,故 4 种型号电机的需求比为 2∶4∶3∶5。根据该比例可以得到一个生产循环,该循环中生产 2 台 Y1 型号电机、4 台 Y2 型号电机、3 台 Y3 型号电机和 5 台 Y4 型号电机。

案例分析过程中,我们以电机装配过程中的关键工序进行分析与研究,该工序的装配时间为 80 s,该工序所需要的 3 种部件的供应节拍分别为 20 s、30 s、45 s,同时 4 种型号的电机对 3 种部件的需求量各不相同,具体见表 10-2。

表 10-2 案例背景数据

型号	一个生产循环中各型号产品的数量	单个产品所需零部件		
		部件 1	部件 2	部件 3
Y1	2	6	3	5
Y2	4	5	2	4
Y3	3	2	1	2
Y4	5	4	1	5
每一生产循环所需的部件总量		17	7	16

在实际投产之前,该企业生产计划部门初步确定了以下备选方案,请利用 FlexSim 仿真实现对 4 种投产方案的优选。

方案 1 投产顺序为:Y1、Y1、Y2、Y2、Y2、Y2、Y3、Y3、Y3、Y4、Y4、Y4、Y4、Y4;

方案 2 投产顺序为:Y1、Y1、Y4、Y4、Y4、Y4、Y4、Y2、Y2、Y2、Y2、Y3、Y3、Y3;

方案 3 投产顺序为:Y4、Y4、Y4、Y4、Y4、Y3、Y3、Y3、Y2、Y2、Y2、Y2、Y1、Y1;

方案 4 投产顺序为:Y2、Y2、Y2、Y2、Y3、Y3、Y3、Y4、Y4、Y4、Y4、Y4、Y1、Y1。

10.3.2 建模过程

(1)模型布局,如图 10-3 所示。

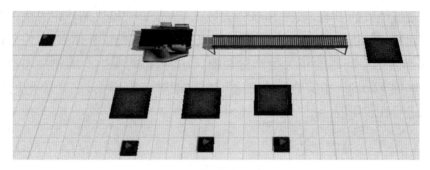

图 10-3　模型布局

(2) 连线。利用"A"键连接发生器至装配关键工序(合成器);利用"A"键连接发生器 1 至部件 1 的暂存区、发生器 2 至部件 2 的暂存区、发生器 3 至部件 3 的暂存区;利用"A"键连接暂存区 1、暂存区 2 及暂存区 3 至装配关键工序;利用"A"键连接装配关键工序至传送带、传送带至加工结束区。

(3) 对发生器进行设置。首先设置发生器,使之按照一定顺序生产需要加工的产品,如按照 Y1、Y1、Y2、Y2、Y2、Y2、Y3、Y3、Y3、Y4、Y4、Y4、Y4、Y4 的顺序进行加工。具体设置如图 10-4 所示。

图 10-4　发生器产品到达序列设置

同时，设置各产品的不同颜色，以便后续加以区分，具体设置如图 10-5 所示。

图 10-5　临时实体的颜色设置

(4) 设置各部件加工线生产节拍。以部件 1 为例，设置生产节拍，即设置其"到达时间间隔"，其余两个部件的设置情况与此类似。具体设置如图 10-6 所示。

图 10-6　部件 1 的到达时间间隔设置

设置部件 1 的颜色，如图 10-7 所示。

图 10-7　部件 1 的颜色设置

(5)设置合成器。首先,按图 10-8 所示设置合成时间。

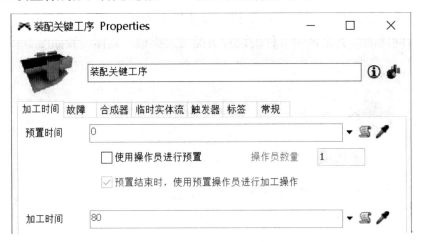

图 10-8　合成时间设置

其次,添加全局表。添加全局表的目的在于,通过合成器中"更新合成器组件列表"选项,实现合成器根据各个产品对部件数量的需求进行组装。

注意:特定的端口连接顺序代表对应的部件顺序。

全局表的具体设置如图 10-9 所示。

	chanpin1	chanpin2	chanpin3	chanpin4
bujian1	6	5	2	4
bujian2	3	2	1	1
bujian3	5	4	2	5

图 10-9　添加全局表

第10章 不同投产顺序下生产系统建模与仿真

注意:列为产品,行为部件,在合成器进入触发选项卡下选择"更新合成器组件列表",标签为发生器中到达序列所加的临时实体标签,具体设置如图 10-10 所示。

图 10-10　更新合成器组件列表设置

(6)设置吸收器。为统计进入"加工结束区"的各产品的数量,需要给"加工结束区"这个实体添加标签,以统计完成该装配关键工序各个产品的具体数量,具体设置如下:添加初始标签 Y1、Y2、Y3 和 Y4,初始值为 0。具体设置如图 10-11 所示。

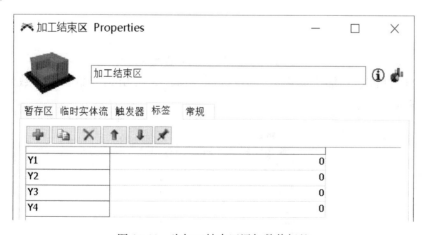

图 10-11　为加工结束区添加数值标签

然后在实体"加工结束区"的进入触发下进行设置,实现的功能为:当相应类型的产品加工结束，进入"加工结束区"后，相应的标签值增加 1。具体设置如图 10-12 所示。

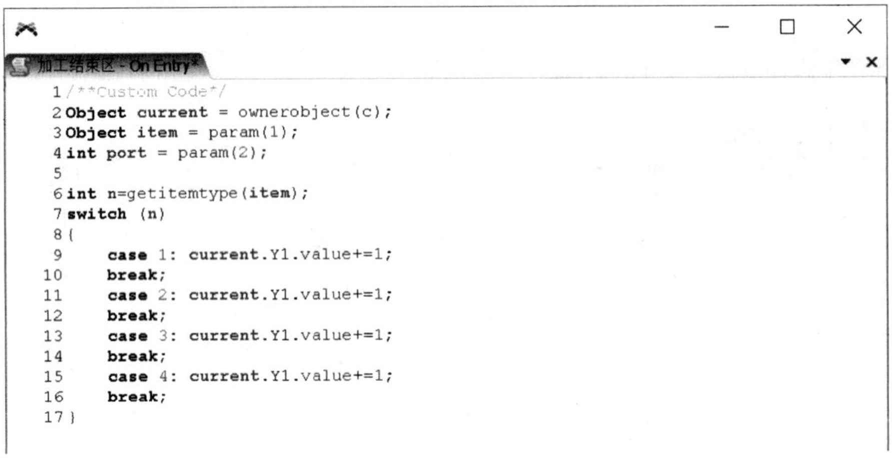

```
1 /**Custom Code*/
2 Object current = ownerobject(c);
3 Object item = param(1);
4 int port = param(2);
5
6 int n=getitemtype(item);
7 switch (n)
8 {
9     case 1: current.Y1.value+=1;
10    break;
11    case 2: current.Y1.value+=1;
12    break;
13    case 3: current.Y1.value+=1;
14    break;
15    case 4: current.Y1.value+=1;
16    break;
17 }
```

图 10-12 实现数值标签值的递增

同时，切记在"加工结束区"重置触发处添加相应的语句，将各标签值设为 0。具体设置如图 10-13 所示。

图 10-13 加工结束区的重置触发设置

这样就可以在"加工结束区"的快捷属性窗口查看相应产品的生产数量，如图 10-14 所示。

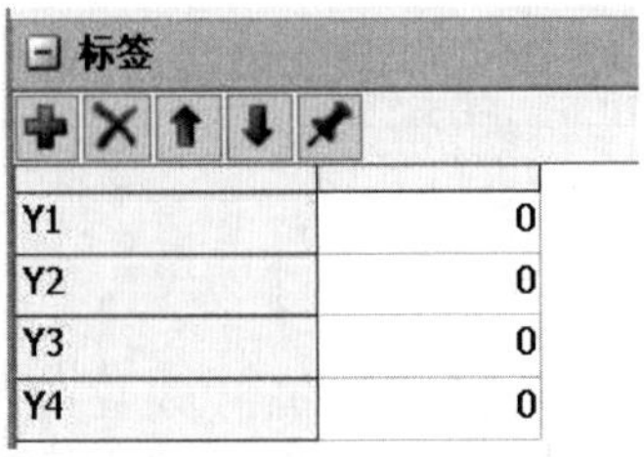

图 10-14 查看加工结束区标签值

第 10 章　不同投产顺序下生产系统建模与仿真

(7)不同投产方案的效果比较。这里需要用到 FlexSim 中的重要工具——实验器,点击工具栏中的"统计"选项,选择"实验器",出现如图 10-15 所示界面。

图 10-15　调出实验器

点击变量右侧的"＋"添加变量,在本案例中应添加 14 个变量(代表一个生产循环的产品数量),同时,点击方案右侧的"＋"添加方案,即代表不同的投产顺序,本案例中包括原始投产顺序共 4 种方案,故添加 4 种方案,完成以上设置后会出现如图 10-16 所示界面。

图 10-16　实验器界面

然后确定各个变量指向的节点,这里需要用到树结构。打开树结构,找到相应的节点,如图 10-17 所示。利用吸管工具实现节点位置指针的复制。

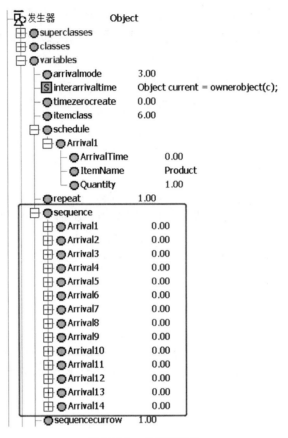

图 10-17　查找树节点

最后，可以实现不同产品投产顺序的设置，如图 10-18 所示。

Variable		Scenario 1	Scenario 2	Scenario 3	Scenario 4
Variable 1	MODEL:/发生器>variables/sequence/Arrival1	1	1	4	2
Variable 2	MODEL:/发生器>variables/sequence/Arrival2	1	1	4	2
Variable 3	MODEL:/发生器>variables/sequence/Arrival3	2	4	4	2
Variable 4	MODEL:/发生器>variables/sequence/Arrival4	2	4	4	2
Variable 5	MODEL:/发生器>variables/sequence/Arrival5	2	4	4	3
Variable 6	MODEL:/发生器>variables/sequence/Arrival6	2	4	3	3
Variable 7	MODEL:/发生器>variables/sequence/Arrival7	3	4	3	3
Variable 8	MODEL:/发生器>variables/sequence/Arrival8	3	2	3	4
Variable 9	MODEL:/发生器>variables/sequence/Arrival9	3	2	2	4
Variable 10	MODEL:/发生器>variables/sequence/Arrival10	4	2	2	4
Variable 11	MODEL:/发生器>variables/sequence/Arrival11	4	2	2	4
Variable 12	MODEL:/发生器>variables/sequence/Arrival12	4	3	2	1
Variable 13	MODEL:/发生器>variables/sequence/Arrival13	4	3	1	1
Variable 14	MODEL:/发生器>variables/sequence/Arrival14	4	3	1	1

图 10-18　不同投产顺序设置

其中：

方案 1 所代表的投产顺序为：Y1、Y1、Y2、Y2、Y2、Y2、Y3、Y3、Y3、Y4、Y4、Y4、Y4、Y4；

方案 2 所代表的投产顺序为：Y1、Y1、Y4、Y4、Y4、Y4、Y4、Y2、Y2、Y2、Y2、Y3、Y3、Y3；

方案 3 所代表的投产顺序为：Y4、Y4、Y4、Y4、Y4、Y3、Y3、Y3、Y2、Y2、Y2、Y2、Y1、Y1；

方案 4 所代表的投产顺序为：Y2、Y2、Y2、Y2、Y3、Y3、Y3、Y4、Y4、Y4、Y4、Y1、Y1。

多方案比较的目的在于选择关键绩效指标，比较该指标在不同方案中的优劣，为决策提供参考，实验器中的绩效指标可根据具体问题进行设定。在本案例中，绩效指标设定为各部件暂存区所构成的组（group）的平均库存量。因此，首先将部件1、部件 2 及部件 3 这三个部件的暂存区添加到同一实体组，如图 10-19 所示。

图 10-19　设置组

然后，对实验器中绩效指标进行相应的设置，以统计该实体组的平均在制品，这一关键绩效指标在不同方案中的表现也不同。具体设置如图 10-20 所示。

图 10-20　实验器中绩效指标设置

最后，进入实验器中"实验运行"这一选项，在这里设置相应的运行时间、方案重复次数等参数，之后点击"Run Experiment"，查看结果。具体设置如图 10-21 和图 10-22 所示。

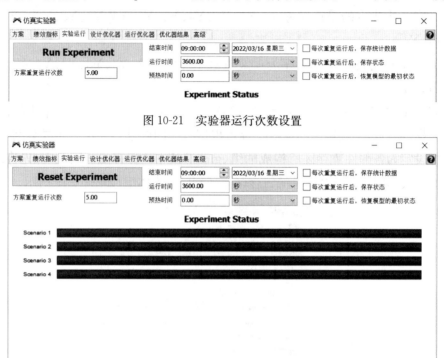

图 10-21　实验器运行次数设置

图 10-22　运行实验器

运行结束后，点击"查看结果"，会得到各个投产顺序下，部件暂存区这一实体组的"平均在制品"这一指标的表现，如图 10-23 所示。

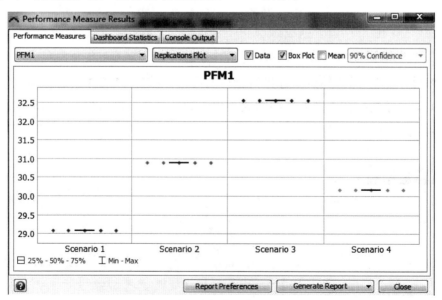

图 10-23　查看实验器运行结果

根据该仿真结果可知,在部件暂存区实体组的"平均在制品库存"这一关键指标下,方案1的表现更为出色。

本章课后习题

某商场货物卸载时,需要操作员将货物搬运至指定位置,假定共有3种类型的货物,服从整数均匀分布,类型值分别为1、2、3,颜色分别为红色、黄色和蓝色;共有两名操作员完成货物搬运工作,操作员1负责将类型1和类型2的货物分别搬运到货物存放区1和货物存放区2;操作员2负责将类型3的货物搬运到货物存放区3。请建立仿真模型。

第 11 章 ABC 生产库存系统建模与仿真

11.1 相关理论知识

11.1.1 库存的定义

库存是指以支持生产、维护、操作和客户服务为目的而存储的各种物料,包括原材料和在制品、维修件和生产消耗品、成品和备件等。库存按照不同的方式可以分为不同的类别:按价值划分,可分为贵重物品和普通物品;按物品在企业的产品成型状态划分,可分为原材料库存、半成品库存和产品库存;按库存物品的形成原因(或用处)划分,可分为安全库存、储备库存、在途库存和正常周转库存;按物品需求的相关性划分,可分为独立需求库存和相关需求库存。

11.1.2 库存的两面性

库存具有两面性,一方面,企业保持适当的库存,具有以下优势:

(1)缩短订货提前期。当制造厂维持一定量的成品库存时,顾客就可以很快采购到所需的物品,这样可以缩短订货提前期,加快社会生产的速度,也使供应厂商争取到顾客。空调、冰箱等产品具有很明显的季节变动趋势,维持一定量的库存对公司保持市场优势是非常重要的。

(2)能够稳定生产。外部需求的不稳定性与内部需求的均衡性是矛盾的。要保证满足需方的要求,又使供方的生产均衡,就要维持一定量的库存。原材料成本是生产型企业的一个重要成本。一些企业对原材料的需求巨大,保持合理的原材料库存,有利于稳定生产,保证产品成本的稳定性。

(3)分摊订货费用。如果只根据需求进行采购,可以不需要库存,但由于订货费用的存在,就不一定是经济的。如果采取批量采购,则分摊在每件物品上的订购费用就大大减少,但这时就需要库存了。因此,库存有分摊订货费用的作用。

(4)防止生产中断。在生产过程中维持一定量的在制品库存,可以防止生产中断。

另一方面,过多的库存又会产生一系列的问题:

(1)过多的库存会产生不必要的搬运、堆积、放置、防护处理、找寻等方面的浪费;当库存增加时,搬运量将增加,需要增加堆积和放置的场所,需要增加防护措施,日常管理和领用时需要增加额外时间等,甚至盘点的时间都要增加。

(2)使先进先出的作业变得困难。

(3)增加利息及管理费用。当库存增加时,用于生产经营活动的资金会大量积压在库存上,不仅造成资金总额增大,还会增加利息和库房的管理费用。

(4)降低物品的价值。当库存增加时,库存量会大于使用量,甚至造成长期的积压,特别是当产品换型时,这种问题可能会显得更加严重。此外,由于放置的时间较长,会造成物品实际价值降低。

(5)影响生产系统体质的提升。一般情况下,由于企业拥有充足的库存,因此,当生产系统出现问题时,可以用库存来维持生产,这样问题就会被掩盖起来。

11.1.3 ABC分析法在库存管理中的应用

(1)ABC分析的思想。ABC分析是从ABC曲线转化而来的一种管理方法。ABC曲线又称帕累托(Pareto)曲线。意大利经济学家维尔弗雷多·帕累托(Vilfredo Pareto)在1879年研究人口与收入的关系问题时,经过对一些统计资料的分析后提出了一个关于收入分配的法则:社会财富的80%掌握在20%的人手中,而余下80%的人只占有20%的财富。这种由少数人拥有最重要的事物而多数人拥有少量的重要事物的理论,已扩大并包含许多的情况,并称之为帕累托原则(Pareto principle),即所谓"关键的少数和次要的多数"的哲理,也就是我们平时所提到的80/20法则。这种方法能做到明确分类,突出重点,使后续的管理轻重得当。

(2)ABC分析在库存管理中的应用步骤。ABC库存控制法根据库存物品的价格来划分物品的重要程度,分别采取不同的管理措施。具体实施步骤如下:

①把各种库存物资全年平均耗用量分别乘以它的单价,计算出各种物资耗用总量以及总金额。

②按照各品种物资耗费金额的大小顺序重新排列,分别计算出各种物资所占总领用数和总金额的比重,即百分比。

③把耗费金额适当分段,计算各段中各项物资领用数占总领用数的百分比,分段累计耗费金额占总金额的百分比,并根据一定标准将它们划分为A、B、C三类。分类的标准见表11-1。

表11-1 库存物品的ABC分类

类别	占库存资金	占库存品种
A	大约80%	大约20%
B	大约15%	大约30%
C	大约5%	大约50%

上述 A、B、C 三类存货中,由于各类存货的重要程度不同,一般可以采用下列控制方法:

①对 A 类存货的控制:A 类物品属于重点库存控制对象,要求库存记录准确,严格按照物品的盘点周期进行盘点,检查其数量与质量状况,并要制定不定期检查制度,密切监控该类物品的使用与保管情况。A 类物品属于非常重要的资源,增加或减少一件对库存物资总金额影响较大,采取出多少进多少的策略。要计算每个项目的经济订货量和订货点,尽可能适当增加订购次数,以减少存货积压,也就是减少其昂贵的存储费用和大量的资金占用;同时,还可以为该类存货分别设置永续盘存卡片,以加强日常控制。

②对 B 类存货的控制:也要事先为每个项目计算经济订货量和订货点,同时也可以分别设置永续盘存卡片来反映库存动态,但其要求不必像 A 类物品那样严格,只要定期进行概括性的检查即可,以节省存储和管理成本。

③对 C 类存货的控制:由于它们为数众多,而且单价又很低,存货成本也较低,因此,可以适当增加每次订货数量,减少全年的订货次数,一般可以采用一些较为简化的方法对这类物资进行日常管理。常用的是双箱法。所谓"双箱法",就是将某项库存物资分装两个货箱,第一箱的库存量是达到订货点的耗用量,当第一箱用完时,就意味着必须马上提出订货申请,以补充生产中已经领用和即将领用的部分。

11.1.4 零库存管理思想

所谓"零库存",就是企业为了节约成本,减少流动资金的占用,以"零库存"为目标,极力提倡减少库存的一个概念。该理念起源于丰田生产方式,20 世纪六七十年代,丰田汽车实行"准时制"(just in time)生产,在管理手段上采用看板管理,以单元化生产等技术实行拉式生产(pull manufacturing),以实现在生产过程中基本没有积压的原材料和半成品。此后,世界汽车厂商竞相效仿这种精益生产模式,其他行业也纷纷学习。零库存管理思想所蕴含的思想基础包括:

(1)零库存是企业管理追求的一种理想状态。零库存管理为企业设置了一个最高标准和一种极限,实际生产可以无限地接近零库存,但可能永远达不到。企业通过改进库存管理,最大限度地减少库存,甚至达到零库存,能极大地提高生产供应链的柔性,使企业生产真正面向市场需求。

(2)企业管理中的"浪费"是指超过增加产品价值所必需的"绝对最少"的物料、机器和人力资源的部分。按此概念,库存不增加价值,反而增加成本,属于浪费,因此要不断降低库存,尽可能地消除浪费,使生产系统的效率和绩效达到最大化。

(3)推行零库存管理是一种动态的持续改进过程。零库存管理就是通过不断

第 11 章 ABC 生产库存系统建模与仿真

降低库存,暴露问题,不断地改进,以提高管理水平和效率,从而增加企业的经济效益。但企业不能简单地降低库存,总是要配合生产经营过程的改进,因此,推行零库存管理必然使企业总是处于降低库存、发现问题、不断进步的动态过程中。

(4)推行零库存管理需要综合的管理技术。零库存管理实施难度较大,它涉及企业采购、生产、销售各个环节,并渗透到企业的每一项活动中,需综合内因和外因来加以分析考虑。

11.2 相关仿真工具及功能

11.2.1 货架

货架主要有标准货架、重力式货架、回推式货架、驶入式货架等,能够模拟不同仓储场景下的应用,可根据建模需要自行选择。本节主要使用标准货架进行案例模型的构建,通过储存对象选项卡中的货位分配策略,灵活地对货位进行指派和设计。对于货架尺寸,在货架尺寸表格选项卡中可直接输入行列数以及货位的宽和高,用鼠标左键选中具体的行列,可设置不同行(列)的货位尺寸,如图 11-1 所示。

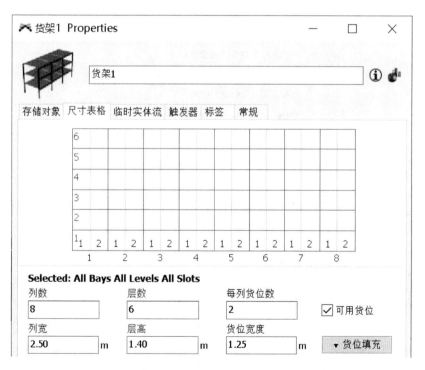

图 11-1 货架尺寸表格选项卡

货位格式刷可以设置货位对应的产品类型,匹配产品标签可实现将不同的产品放置到指定位置,如图 11-2 所示。

图 11-2　货架格式刷

11.2.2　数据收集器

数据收集器可实现对实体中某一事件数据的采集,如图 11-3 所示,可用于自定义输出数据及图表形式,收集的数据作为个性化统计报表的数据来源。

图 11-3　数据收集器选项卡

11.3　基于 ABC 思想的库存管理建模与仿真案例

11.3.1　案例背景

某企业产品在向货架存放时需要按照 ABC 法则进行摆放,假定货架为 7 层、7 列,要求产品 A 放在货架中第 1~3 行中的前 3 列区域,产品 B 放在货架中第 4、5 行中的第 1~5 列及第 1~3 行中的第 4 列和第 5 列,产品 C 放在货架中的其他空余位置。摆放示意图如图 11-4 所示,请建立仿真模型。

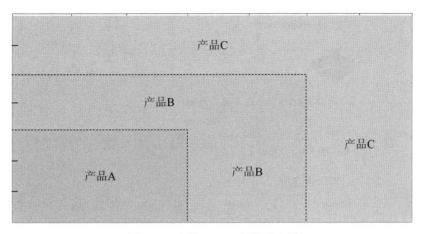

图 11-4　产品 A、B、C 摆放示意图

11.3.2　建模过程

(1)模型布局及连线，如图 11-5 所示。

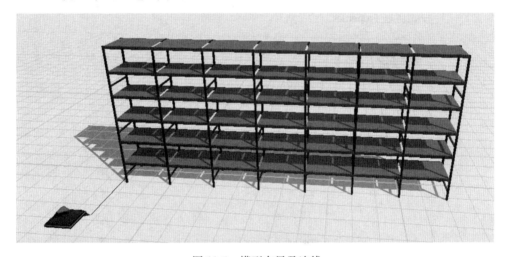

图 11-5　模型布局及连线

(2)设置发生器及货架。设置到达方式为到达序列，并添加产品类型标签，产品数量及类型如图 11-6 所示。根据产品类型设置产品颜色，如图 11-7 所示。

图 11-6　产品到达方式及类型标签设置

图 11-7　产品颜色设置

按照要求将货架设置为 7 行、7 列，具体尺寸设置如图 11-8 所示。

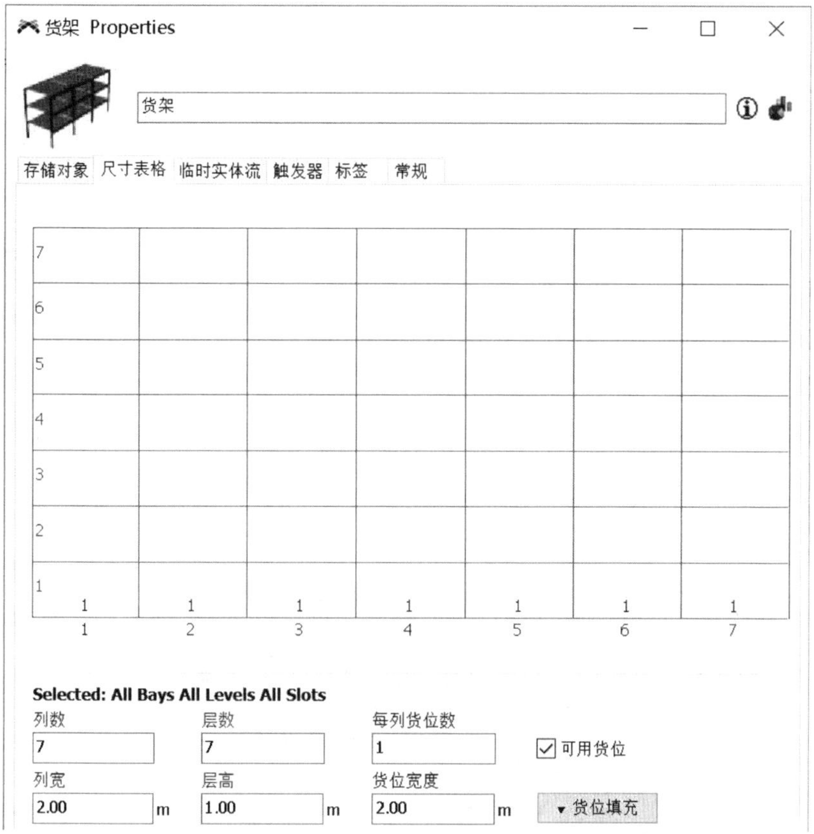

第 11 章　ABC 生产库存系统建模与仿真

图 11-8　货架尺寸设置

（3）物品的摆放位置。首先设置货品格式刷，格式刷的值与货物类型值对应，如图 11-9 所示。

图 11-9　货架格式刷设置　　　　　　　　　　图 11-9（彩色）

其次设置产品摆放策略，如图 11-10 所示。

图 11-10　产品摆放策略设置

(4)运行模型，查看运行结果，如图 11-11 所示。

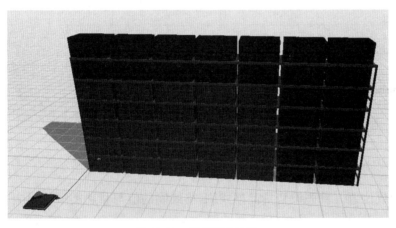

图 11-11　模型运行结果

图 11-11(彩色)

本章课后习题

某企业生产 3 种类型的产品，3 种产品的到达时间分别为 normal(6,2)、固定值 7、指数分布 exponential(6,1)。3 种产品按颜色顺序进入相应的货位，红色进入 8、9、10 行，绿色进入 4、5、6、7 行，蓝色进入 1、2、3 行。假定发生器产生 3 种临时实体，服从整数均匀分布，类型值分别为 1、2、3，颜色分别为红色、绿色和蓝色；同时，要求统计 3 种产品不同时间下的数量变化。请建立仿真模型。

提示：该习题重点考察将产品放置到货架特定位置的实现及自定义 Dashboard 的实现。

第12章 配送中心建模与仿真

12.1 相关理论知识

配送中心负责配货并组织送货,是实现销售和供应服务的现代流通设施。它不同于传统的仓储设施,在现代商业社会中,配送中心已经成为连锁企业的商流中心、物流中心和信息流中心,是连锁经营得以正常运转的关键设施。

12.1.1 配送的含义

所谓"配送"(delivery),就是按照用户的订货要求,在物流节点(仓库、商店、货运站、物流中心等)进行分货、配货,并将配好的货物以合理的方式送交收货人的过程。

《物流术语国家标准》中将配送定义为:在经济合理区域范围内,根据用户要求,对物体进行拣选、加工、包装、分割、组配等,并按时送达指定地点的物流活动。

为准确把握配送的概念,应注意以下几个要点:

(1)配送应以用户要求为出发点。配送是从用户利益出发、按用户要求进行的一种活动,在整个配送活动中,用户占主导地位,配送企业居服务地位。

(2)配送是一种"中转"形式。配送是从物流节点至用户的一种特殊送货形式。从事送货的是专职流通企业,而不是生产企业,但配送是连接生产企业与需求用户的中转环节。

(3)配送是"配"和"送"有机结合的形式。配送利用有效的分拣、配货等理货工作,使送货达到一定的规模,以利用规模优势取得较低的送货成本。所以,为追求整个配送的优势,分拣、配货等工作是必不可少的。

(4)配送要选择合理的方式。不同的配送方式会产生不同的配送成本。在存在满足用户需要的多个可选方案时,应选择最合理的方式,以最小的成本完成配送活动。此外,配送是按照用户要求开展的活动,但有时受用户本身的局限,"用户要求"实际会损失其自身或双方的利益。此时,若过分强调"按用户要求"显然是不妥的。配送者必须以"要求"为依据,正确引导用户,共同选择合理的配送方式,实现共同受益。

(5)配送是一种现代物流体制形式。配送的实质是送货,但却不同于一般送货。一般送货可以是一种偶然的行为,而配送却是一种固定的形态;一般送货往往只是推销商品的一种手段,配送则是内涵更为丰富的一种流通服务方式,是大生产和专业分工在流通领域的体现,是一种有确定组织、确定渠道,有一套装备和管理力量、技术力量,有一套制度的体制形式。

12.1.2 配送的流程

配送流程是完成配送任务所必需的配送组织程序。按照是否需要在配送过程中对货物进行加工,可将配送流程分为两大类:一般配送流程和有加工功能的配送流程。

(1)一般配送流程。一个完整的一般配送流程通常由进货、储货、理货、配货、配装、送货、交货等环节构成,其结构如图 12-1 所示。

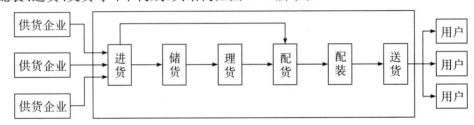

图 12-1 一般配送流程

进货是指从各生产企业或流通企业按用户需要的品种大批量地购进货物。进货作业必须筹集资源,通过订货、购货、运输,把订购的货物集中到配送仓库和配货区域,以便按用户要求做好配货准备,同时完成对物资的检验、交接和结算工作。

储货是为保障配送活动的持续进行,防止缺货所建立的一定的货物储备。库存货物的品种结构、数量、存储时间必须进行科学控制,既要保证用户的配送需要,又不造成积压浪费和增加资金占用。货物储存应存取方便,便于分货、配货作业,以提高配送效率。

理货与配货是按用户的需要将存储货物分拣出来,将货物配齐,放到发货场进行必要的包装,做好配装、运送的准备。

配装是对多用户、多品种、小批量物资的配送装车作业。其目的是提高车辆满载率、装车安全性和运送效率。配装时应注意互相有影响的货物不能混装,装车物资重心要低、放置紧密,充分利用车辆的载重量和容积,做到轻重搭配,方便沿途卸货。

送货是通过一定的运输方式及时将配装货物安全送到用户处。送货时要集中车辆调度,组合最佳路线,采取巡回送货方式,以提高运输的效率。

一般配送流程既适用于各种包装、非包装或混装等种类较多、规格复杂的中小件货物的配送,也适用于多品种、小批量、多批次、多用户的货物的配送,适用范围较广。

在一些特殊情况下,某些货物受性能、状态制约,不适宜与其他货物混运、混放,某些货物单品种配送批量很大,不需要配装就可以达到满载,对于这类货物的配送,其流程没有理货、配货、配装等作业环节,而只需直接装车送货。像大批量的煤炭、燃油、钢材、木材、水泥等均属于这种类型。有些货物不设库存,实行"四就"配送,即就(生产)厂、就港(站)、就车(船)、就库直接配送方式,其流程就没有储货、理货、配货、配装等作业环节。由于这些配货方式可减少倒装转运次数和环节,提高货物周转次数和效率,减少物资损耗,因此,对大批到站、到港物资,一般应采用就站、就港直接装车发送;对本地生产的大批量货物、危险品货物,一般应采用就厂装车配送。

(2)有加工功能的配送流程。这一类型的货物配送系统,因配送加工的组织形式和加工内容不同而形成多种配送流程,其中包括:①储存前加工(进货后直接加工);②储存后加工(进货后先储存,再按需加工);③加工后直接送货;④加工后先储存再送货;⑤相互组合而成的多种形式。因此,可将各种加工配送流程组合在如图12-2所示的同一加工配送流程图中。

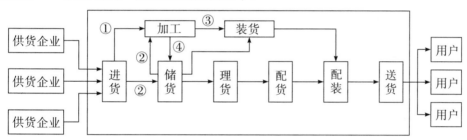

图 12-2　加工配送流程

12.1.3　配送的一般模式

配送模式是企业对配送所采取的基本战略和方法。一般根据配送机构中转作用的不同,将配送模式分为商物合一的配送模式和商物分离的配送模式,如图12-3所示。

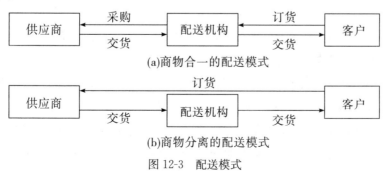

图 12-3　配送模式

商物合一的配送模式是配送机构处于一个"主导"地位的配送形式,表现为支配所送产品的物流、信息流和资金流"三流合一"的中转作用。其突出特点为参与产品交易,以获取产品的最大利润为主,但资金规模需求量大。

商物分离的配送模式是配送机构处于一个"被动服务"地位的配送形式,表现为只为所送产品提供输送服务的中转作用。其突出特点为不参与产品的交易,只获取产品输送过程中的服务费用,配送机构占用资金相对较少。

12.1.4 配送的合理化原理

配送活动是要付出成本的。合理的配送应当是以一定的配送成本获得尽可能高的客户服务水平,或在一定的客户服务水平下付出最小的配送成本。实现配送合理化应符合以下基本原理。

(1)标准化原理。尽可能多地采用标准零部件和模块化产品,以减少因品种多变而导致的附加配送成本。

(2)合并原理。充分利用车辆等运输工具的体积和载重量,将能够组合在一起的货物进行合理的配装,降低单位货物的配送成本。

(3)差异化原理。按产品的特点和销售水平设置产品的库存和运输方式及储存地点,满足不同客户服务水平的需要。

(4)延迟原理。通过合理安排贴标签、包装、装配和发送等活动,将产品外观、形状及其生产、组装、配送等尽可能推迟到接到客户订单后再确定,以避免因供需脱节造成库存过多或过少所导致的配送成本增加。

12.1.5 配送中心的概念与种类

配送中心是指从事配送业务的物流场所或组织,应基本符合的要求为:满足特定的用户要求;配送功能健全;拥有完善的信息网络;辐射范围小;多品种、小批量;以配送为主,储存为辅。

配送中心是专门从事配送业务的物流基地,是通过转运、分类、保管、流通加工和信息处理等作业,根据用户的订货要求备齐商品,并能迅速、准确和价廉地进行配送的基本设施。由于服务内容和范围不同,配送中心有多种不同形式,并可从不同角度予以分类。

(1)按其核心职能进行划分,可将配送中心分为储存型配送中心、流通型配送中心、加工型配送中心、供应型配送中心和销售型配送中心。

①储存型配送中心:采用集中库存形式,库存量较大。一些具有较强储存功能的生产企业销售配送中心、原材料及零部件供应配送中心以及从事大范围配送的流通企业配送中心,均属于这种类型。

②流通型配送中心：基本上没有长期储存功能，仅以暂存和随进随出方式进行配货、送货，其典型方式是大量货物整进并按一定批量零出。这种配送中心通常采用大型分货机，进货时货物直接进入分货机传送带，并被分送到各用户货位或直接分送到配送汽车上，货物在配送中心里仅作少许停留。

③加工型配送中心：具有货物加工功能，根据需要将货物在储存前和储存后进行必要的加工，然后再送达用户处。

④供应型配送中心：专门为某个或某些用户（如联营商店、联合公司）组织供应。如为大型连锁超级市场组织供货或代替零件加工厂对装配厂配送零件等。

⑤销售型配送中心：以销售为目的，以配送为手段。主要有三种类型：一是生产企业将自身产品直接销售给消费者的配送中心；二是流通企业作为本身经营的一种方式，建立配送中心以扩大销售；三是流通企业和生产企业联合的协作性配送中心。

(2) 按其服务范围划分，可将配送中心分为城市配送中心和区域配送中心。

①城市配送中心：以城市范围为配送范围。由于城市范围一般处于汽车运输的经济里程，这种配送中心通常采用汽车进行配送，并可直接配送到最终用户。这种配送中心往往和零售经营相结合，由于运距短、反应能力强，因此从事多品种、少批量、多用户的配送较有优势。

②区域配送中心：以较强的辐射能力和库存准备，向省（州）际、全国乃至国际范围的用户提供配送服务。这种配送中心规模较大，一般而言，其用户和配送批量也较大，而且往往是配送给下一级的城市配送中心，或配送给营业所、商店、批发商和企业用户，虽然也从事零星的配送，但其不是主体形式。

(3) 按其专业化程度划分，可将配送中心分为专业配送中心和柔性配送中心。

①专业配送中心：专业配送中心有两个含义：一是指配送对象、配送技术属于某一专业范畴，并在此专业范畴内有一定的综合性，即综合某一专业的多种货物进行配送的配送中心；二是指以配送为专业化职能，基本不从事经营的服务型配送中心。

②柔性配送中心：配送用户不固定，且不局限于某一专业方向，对用户要求有很强的适应性，能随时变化、不固定供需关系，并能改变和扩展配送用户。

12.1.6 配送中心的基本作业流程

配送中心的基本作业流程包括：

(1) 接收订单。配送中心发挥配送功能开始于客户的询价和业务部门的报价，当双方就相关问题达成一致后，业务部门即可接收客户的订单。

(2) 订单处理。接单后，业务部门要查询出货日的库存状况、装卸货能力、流通加工负荷、包装能力、配送负荷等情况，设计出满足客户需求的配送操作。当配送中心受到约束而无法按客户要求交货时，业务部门还需进行协调。由于配送中心不随货收款，因此在订单处理时，需要核查公司对客户的信用评价。此外还需处理退货数据，统计该时段的订货数量，以安排调货、分配出货程序及数量。另外，业务部门需要制定报价计算公式，制定客户订购最小批量、订货方式或订购结账截止日。

(3) 采购订货。接受订单后，配送中心需向供货厂商订购或向制造厂商直接要货。采购部门先统计出商品需求数量并查询供货厂商交易条件，然后根据所需数量及供货厂商提供的经济订购批量提出采购单或出厂提货单。采购单发出后，则进入入库进货的跟催阶段。

(4) 入库进货。开出采购单或出厂提货单后，入库进货管理员即可根据采购单上的预定入库日期进行入库作业调度和入库月台调度。在商品入库当日，入库进货管理员进行入库资料查核和入库质量检验，当质量或数量不符时，应立即进行适当修正或处理，并输入入库数据，同时制作入库商品统计表，以稽核供货厂商催款。入库进货管理员可按一定方式指定卸货及托盘堆放。对于退回商品的入库还需经过质检、分类处理，然后登记入库。商品入库后有两种作业方式：一种方式是商品入库上架，等候出库需求时再出货；另一种方式是直接出库，此时管理人员需按照出货需求将商品送往指定的出货码头或暂时存放地点。

(5) 库存管理。库存管理包括仓库区管理和库存控制。仓库区管理包括：商品在仓库区域内摆放方式、区域大小、区域分布等规划和仓储区货物的调整及变动；商品进出仓库的控制——先进先出或后进先出；进出货方式的制定；商品所需搬运工具、搬运方式的确定；包装容器使用与包装容器保管维修等。库存控制包括：按照商品出库数量、入库所需时间等来确定采购数量及采购时间，并建立采购时间预警系统；制定库存盘点方法，定期负责打印盘点清单，并根据盘点清单内容清查库存数、修正库存账目并制定盘盈、盘亏报表。

(6) 分拣理货。为了满足客户对商品不同种类、不同规格、不同数量的需求，配送中心必须有效分拣货物，按计划理货。在出库日，当库存数满足出货需求量时，即可根据需求数量打印出库拣货单及各项拣货指示，进行拣货区域的规划布置、工具选用及人员调派。出货拣取不只包括拣取作业，还需补充拣货架上商品，使拣货不至于缺货，包括补货量及补货时点的确定、补货作业调度、补货作业人员调派等。

(7) 流通加工。这是最直接地提高商品附加值的一项作业，不过它并不是所有配送中心普遍具有的功能。流通加工作业包括商品的分类、过磅、拆箱重包装、贴标签及商品组合包装等。

(8)出货集货。完成商品拣取及流通加工作业后,就可以进行商品出货作业。出货作业包括根据客户订单为客户打印出货单据,制定出货调度方案,打印出货批次报表、出货商品上所需地址标签及出货核对表。由调度人员决定集货方式、选用集货工具、调派集货作业人员,并决定运输车辆大小与数量。由仓库管理人员或出货管理人员决定出货区域的规划布置及出货商品的摆放方式。

(9)装车配送。装车配送包括商品装车并进行实际配送,完成这些作业需要事先规划配送区域,安排配送路线,按配送路线选用的先后次序来决定商品装车顺序,并在商品配送途中进行商品跟踪、控制及配送途中意外状况的处理。

(10)制作账单。商品出库后,销售部门可根据出货数据制作应收账单,并将账单转入会计部门作为收款凭据。

(11)绩效管理。高层管理人员通过各种考核评估来实现配送中心的效率管理,并制定经营方针和策略。考评的信息来源包括各种相关数据及报告,如出货销售统计数据,客户对配送服务的反应报告,配送商品次数及所需时间报告,配送商品的失误率和仓库缺货率分析,库存损失率报告,机具设备损坏及维修报告,燃料耗材等的使用量分析,外雇人员、机具、设备成本分析,退货商品统计报表,人才使用率分析等。

上述作业环节及其控制活动共同构成了一个完整的物流配送中心作业流程。

12.2 相关仿真工具及功能

模型运行到指定时间,通过菜单栏上的报告与统计选项,可以打开报告与统计界面,根据模型运行过程中的统计数据创建不同的报告,这些报告可以包含实体产量、停留时间、状态记录和建模者选择或自定义的其他数据。选择输出不同的 Excel 格式的数据报告(右下角有"生成报告"按钮),如图 12-4 所示。

此处的数据报告主要分为两种:一是汇总报告,是输出模型中所有实体选定属性的绝对数据值;二是状态报告,是输出模型中所有实体选定状态的总时间的相对占比值。用户可以定制报告中输出的数据类型,还可以输出模型的基本设置等信息。

图 12-4 统计报告界面

12.3 配送中心建模与仿真案例

该案例的实现可以使读者掌握：①设定不同库存水平对配送中心的影响；②从成本的角度对方案进行评价与判定；③拉入式策略的使用方法；④依据仿真结果对成本进行分析。

12.3.1 案例背景

某配送中心从 3 个供应商进货，向 3 个生产商发货。仿真的目的是研究该配送中心的即时库存成本和利润，并加以改善。

供货商（3 个）：当 3 个供应商各自供应的产品在配送中心的库存小于 10 件时开始生产，库存大于 20 件时停止生产。供应商 1 和供应商 2 分别以 4 h 一件的效率向配送中心送产品，供应商 3 提供一件产品的时间服从时间单位为小时的 uniform(3,5) 分布函数。

配送中心发货：当 3 个生产商各自的库存大于 10 件时停止发货。当生产商 1 的库存小于 2 件时，向该生产商发货；当生产商 2 的库存小于 3 件时，向该生产商发货;当生产商 3 的库存小于 5 件时,向该生产商发货。

配送中心成本和收入:进货成本 3 元/件;供货价格 5 元/件;每件产品在配送中心存货 100 h 费用 1 元。

生产商(3 个):3 个生产商均连续生产,且对配送中心各种产品的需求满足均匀分布。生产商 1 每生产一件产品需要 7 h;生产商 2 每生产一件产品的时间服从时间单位为小时的 uniform(6,9) 分布函数;生产商 3 每生产一件产品的时间服从时间单位为小时的 uniform(7,8) 分布函数。

具体流程如图 12-5 所示。

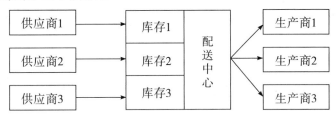

图 12-5 某配送中心流程图

具体要求如下:①建立上述配送中心运营系统的仿真模型;②仿真 365 天(每天按 24 h 计算),并计算该配送中心全年的利润;③如存在问题,请尝试给出改善方案。

12.3.2 建模过程

(1)模型布局。从模型中拖入 3 个 Source、6 个 Processor、3 个 Rack、3 个 Queue 和 1 个 Sink 到操作区中,如图 12-6 所示。

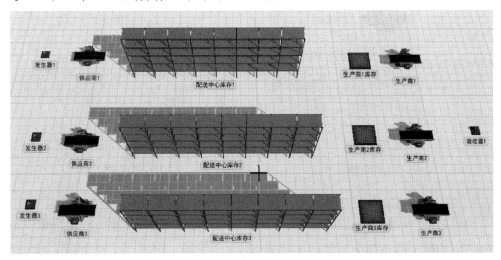

图 12-6 模型实体布局图

(2)连接端口。根据配送的流程,对模型做如下连接:每个 Source 分别连到各自的 Processor,再连到各自的 Rack,每个 Rack 都要与后面的每一个 Queue 进行连接(配送中心送出产品对 3 家生产商是均等的),每一个 Queue 再连接到各自的 Processor,最后 3 个 Processor 都连到 Sink。连接后的模型实体布局图如图 12-7 所示。

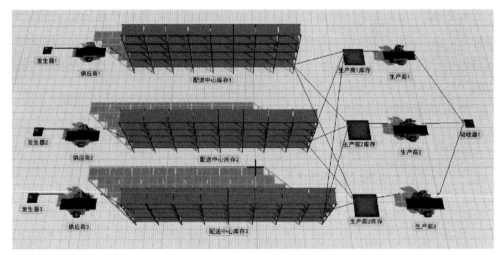

图 12-7 连接后的模型实体布局图

(3)Source 参数设置。因为 3 个 Source 在这里只是产生产品的装置,所以对 3 个 Source 做同样的设定。为了使 Source 产生实体不影响后面 Processor 的生产,应将它们产生实体的时间间隔设置得尽可能小。

双击一个 Source,打开参数设置页,如图 12-8 所示。

图 12-8 到达时间间隔下拉菜单

直接修改或点击到达时间间隔下拉菜单后的按钮 ,在弹出的编辑框中进行编辑(粗体为改动部分),如图 12-9 所示。

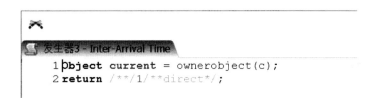

图 12-9　Source 产生临时实体的时间间隔编辑窗口

点击"OK"保存并退出，然后对其他两个 Source 做同样的设置。

(4)Processor(供应商)参数设置。3 个 Processor 相当于 3 个供应商，根据预先设计好的数据对其进行设置，为了描述的需要，按照模型中由上至下的顺序依次将 3 个 Processor 看作供应商 1、供应商 2 和供应商 3。

双击最上面的 Processor 打开参数设置页，按图 12-10 所示进行设置。

图 12-10　Processor 的参数编辑窗口

在这个模型中，将 1 个单位时间定义为 1 h，那么这条指令的意思就是，该供应商在收到订单后的生产率为每 4 h 生产 1 个产品。

根据预先设计的系统数据，供应商 1 和供应商 2 的生产率是一样的，都为每 4 h 生产 1 个产品，所以对中间的 Processor 也进行同样的操作，即可完成设置。

对于供应商 3，在加工时间的下拉菜单中选择统计分布，并按图 12-11 所示进行设置。

图 12-11　加工时间下拉菜单

这条指令的意思是，该供应商在收到订单后每生产 1 个产品的时间服从时间单位为小时的 uniform(3,5) 分布函数。

(5) Rack 参数设置。双击一个 Rack 打开参数设置页。在触发器项目下的 OnEntry 下拉菜单中选择 Close and Open Ports。OnEntry 下拉菜单如图 12-12 所示。

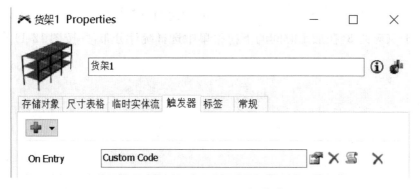

图 12-12　OnEntry 下拉菜单

点击 OnEntry 下拉菜单后的参数编辑按钮 ![btn]，在弹出的编辑框中按图 12-13 所示进行编辑。

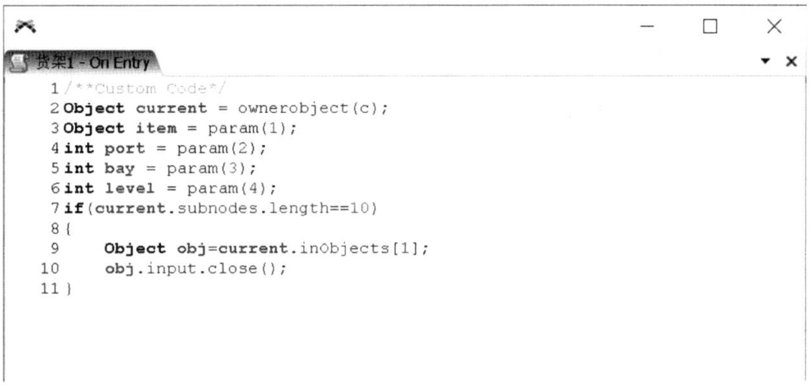

```
1 /**Custom Code*/
2 Object current = ownerobject(c);
3 Object item = param(1);
4 int port = param(2);
5 int bay = param(3);
6 int level = param(4);
7 if(current.subnodes.length==10)
8 {
9     Object obj=current.inObjects[1];
10     obj.input.close();
11 }
```

图 12-13 进入触发 Close and Open Ports 的参数编辑窗口

这条指令的意思是，如果 Rack 的当前存储产品数增加到 10，就关闭与它的输入端口 1 相连的实体（即供应商 1）的输入端口，这就相当于当供应商 1 提供的产品数达到 10 时，配送中心就停止供应商 1 的供货。

说明：语句 current. subnodes. length==10 表示当前实体中临时实体的个数等于 10；语句 obj. input. close()表示关闭一个实体的输入端口；对应的 obj. input. open()表示打开一个实体的输入端口，后面将会用到这个指令；语句 Object obj= current. inObjects[1]表示与当前实体输入端口 1 相连的实体。

在触发器项目下的 OnExit 下拉菜单按图 12-14 所示进行设置。

```
1 /**Custom Code*/
2 Object current = ownerobject(c);
3 Object item = param(1);
4 int port = param(2);
5 int bay = param(3);
6 int level = param(4);
7 if(current.subnodes.length==2)
8 {
9     Object obj=current.inObjects[1];
10     obj.input.open();
11 }
```

图 12-14 离开触发 Close and Open Ports 的参数编辑窗口

这条指令的意思是，如果 Rack 的当前存储产品数减少到 2，就打开与它的输入端口 1 相连的实体（即供应商 1）的输入端口，这就相当于当来自供应商 1 的产品数小于 10 时，供应商 1 就恢复对配送中心的供货。对另外两个货架进行类似的设置，注意各自的数量条件。

（6）Queue 参数设置。3 个 Queue 在模型中代表 3 个生产商的仓库，它们根据自己的需求向配货中心订货。为了描述的需要,按照模型中由上至下的顺序依次将3个Queue看作生产商1、生产商2、生产商3的库存。

双击最上面的Queue,打开参数设置页。在临时实体流项目下进行设置,在输入项目下的"拉入策略"选项前面点击打钩,如图12-15所示。

图12-15 Queue参数设置页

对代码进行如下编辑:"return duniform(1,3);"按图12-16所示进行设置,并点击Apply进行保存。

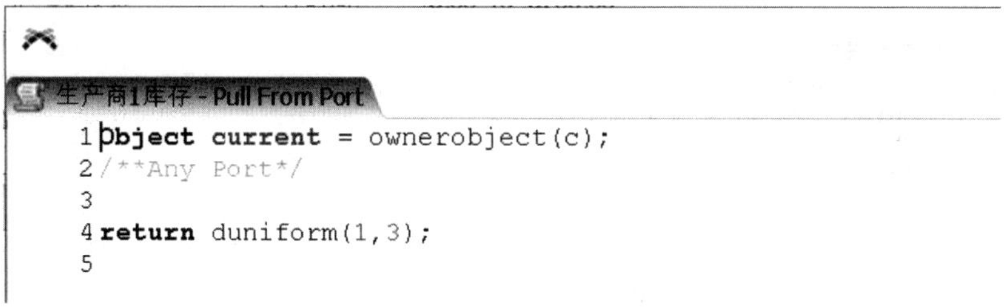

图12-16 Pull From Port代码设置页

说明:"拉入策略"命令表示实体将按照自己的需求从它前面的输出端口拉入所需实体(而不是被动地接受前面端口送来的实体)。

return duniform(1,3)语句表示Queue从它前面的3个Rack均等地拉入实体;duniform(1,3)命令表示从1到3的均匀离散整数分布。经过这样的设置以后,配送中心的3个Rack将有均等的机会将自己的产品送到这个Queue。

在Queue触发器项目下的OnEntry进行条件设置:"If content(current)>=10 then closeinput ports of the current object."如图12-17和图12-18所示。

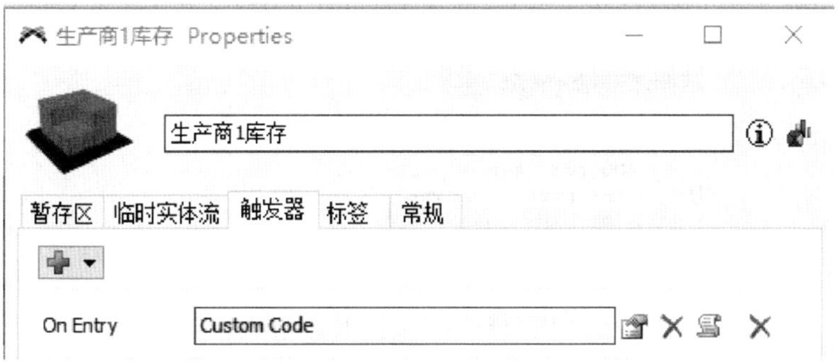

图 12-17 OnEntry 下拉菜单

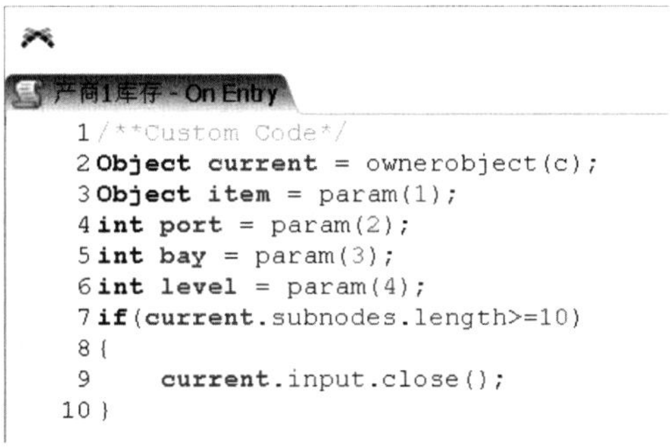

图 12-18 Close and Open Ports 的参数编辑窗口

这条指令的意思是,如果 Queue 的当前存储产品数增加到 10,就关闭它的输入端口,这就相当于当生产商 1 的库存产品数达到 10 时,配送中心就不再送货给它。

在 Queue 触发器项目下的 OnExit 下拉菜单中选择 Close and Open Ports。OnExit 下拉菜单如图 12-19 所示。

图 12-19 OnExit 下拉菜单

点击 OnExit 下拉菜单后的参数编辑按钮 ,在弹出的编辑框中进行如下编辑:"if(current. subnodes. length≤=2 then openinput ports of the current object)",如图 12-20 所示。

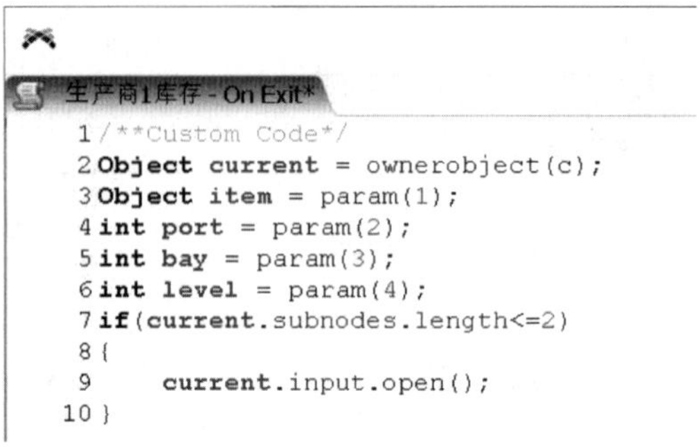

```
生产商1库存 - On Exit
1 /**Custom Code*/
2 Object current = ownerobject(c);
3 Object item = param(1);
4 int port = param(2);
5 int bay = param(3);
6 int level = param(4);
7 if(current.subnodes.length<=2)
8 {
9     current.input.open();
10 }
```

图 12-20　Close and Open Ports 的参数编辑窗口

这条指令的意思是，如果 Queue 的当前存储产品数减少到 2，就打开它的输入端口，这就相当于当生产商 1 的库存产品数减少到 2 时，配送中心继续送货给它。

对于剩下的 2 个 Queue，我们所做的相同设置是，点击它们临时实体流项目下的拉入策略选项并进行相关的代码编辑，对 Queue 触发器项目下的 OnEntry 触发进行同样的设置。不同的设置是，对 Queue 触发器项目下的"离开触发"进行的修改和编辑。

对于中间的 Queue，点击 OnExit 下拉菜单后的参数编辑按钮，将指令改为："if(current. subnodes. length<=3)"，如图 12-21 所示。

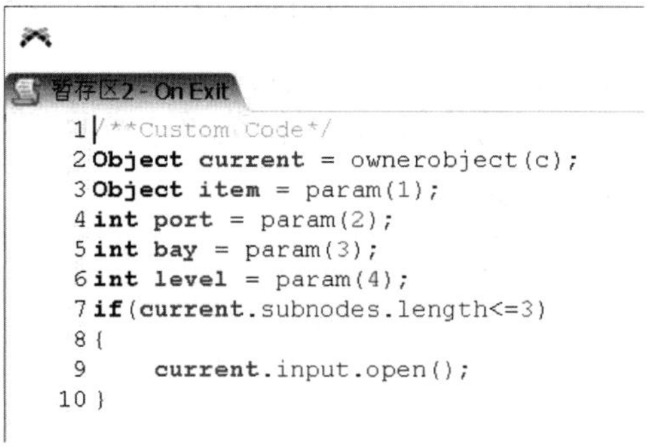

```
暂存区2 - On Exit
1 /**Custom Code*/
2 Object current = ownerobject(c);
3 Object item = param(1);
4 int port = param(2);
5 int bay = param(3);
6 int level = param(4);
7 if(current.subnodes.length<=3)
8 {
9     current.input.open();
10 }
```

图 12-21　Close and Open Ports 的参数编辑窗口

对于最下边的 Queue，点击 OnExit 下拉菜单后的参数编辑按钮，将指令改为："if(current. subnodes. length<=5)"，如图 12-22 所示。

```
1 /**Custom Code*/
2 Object current = ownerobject(c);
3 Object item = param(1);
4 int port = param(2);
5 int bay = param(3);
6 int level = param(4);
7 if(current.subnodes.length<=5)
8 {
9     current.input.open();
10 }
```

图 12-22　离开触发的参数编辑窗口

可以发现,唯一改变的是对需求产品的最低库存条件,其他并没有变化。

(7)Processor(生产商)参数设置。后面的 3 个 Processor 相当于 3 个生产商,根据预先设计好的数据对其进行设置,为了描述的需要,按照模型中由上至下的顺序依次将 3 个 Processor 看作生产商 1、生产商 2 和生产商 3。

双击生产商 1,打开参数设置页,如图 12-23 和图 12-24 所示。

图 12-23　生产商 1 加工时间的参数编辑窗口

```
1 Object current = ownerobject(c);
2 Object item = param(1);
3 return /**7/**direct*/;
```

图 12-24　生产商 1 加工时间的编辑窗口

在这个模型中,将 1 个单位时间定义为 1 h,那么这条指令的意思就是,该生产商的生产率为每 7 h 加工 1 个产品。

双击生产商 2,打开参数设置页,按图 12-25 所示进行设置。

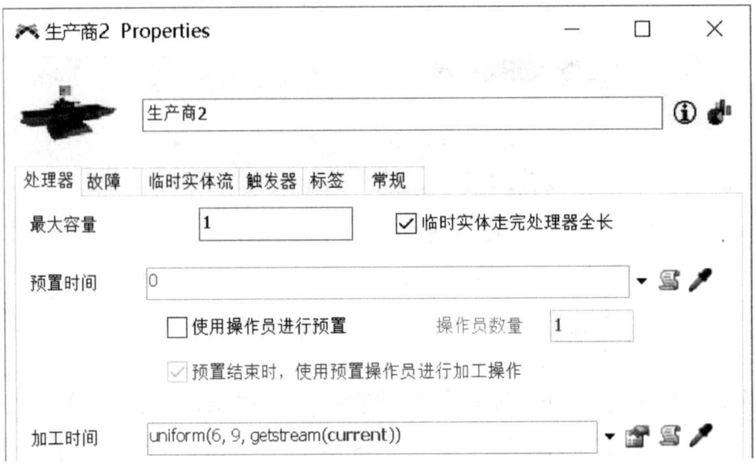

图 12-25　生产商 2 加工时间下拉菜单

点击加工时间后的参数编辑按钮 ![], 在弹出的编辑框中进行编辑(粗体为改动部分), 如图 12-26 所示。

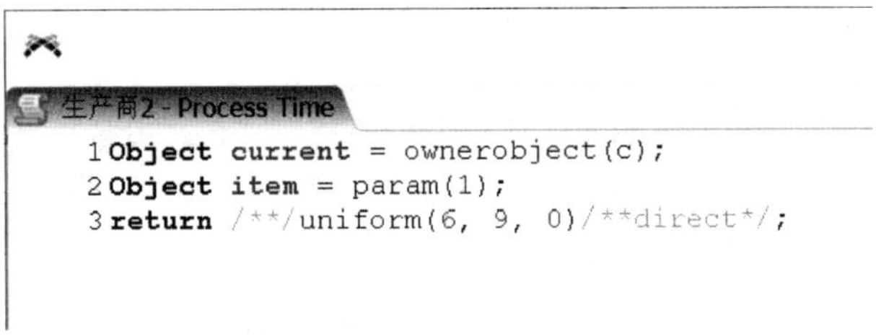

```
生产商2 - Process Time
1 Object current = ownerobject(c);
2 Object item = param(1);
3 return /**/uniform(6, 9, 0)/**direct*/;
```

图 12-26　生产商 2 加工时间的编辑窗口

这条指令的意思是,该生产商每生产 1 个产品的时间服从时间单位为小时的 uniform(6,9)分布函数。

对于最下面的 Processor,即生产商 3,双击第三个生产商的 Processor,打开参数设置页,按图 12-27 所示进行设置。

图 12-27　生产商 3 加工时间下拉菜单

点击加工时间后的参数编辑按钮 ,在弹出的编辑框中进行编辑,如图 12-28 所示。

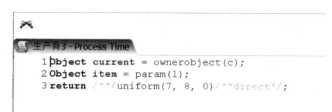

图 12-28　生产商 3 加工时间的编辑窗口

这条指令的意思是,该生产商每生产 1 个产品的时间服从时间单位为小时的 uniform(7,8)分布函数。

至此,整个模型的基本参数就设置完毕。

(8)模型运行。单击主视窗左下角 重置 按钮。重置模型可以保证所有系统变量都是初始值,并将模型中所有流动实体清除。单击主视窗底部 运行 按钮,模型运行结果如图 12-29 所示。

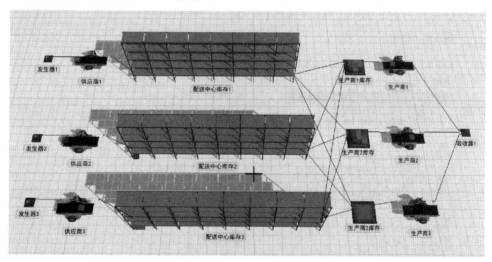

图 12-29　模型运行结果

若要停止运行,可随时单击 停止 按钮。后面将学到如何按特定时间长度和特定重复次数来运行模型。当模型定义中用到随机分布时,多次运行模型是很重要的。

要想加快或减小模型运行速度,可左右移动视窗底部的运行速度滑动条,如图 12-30 所示。

图 12-30　运行速度滑动条

移动此滑动条能改变仿真时间与真实时间的比率,它完全不会影响模型运行的结果。

(9)数据分析。设置仿真停止时间,如图 12-31 所示,在打开的窗口中做如下设置:将指定停止时间值设为 8760.00[在该实验中,1 个单位时间代表 1 h,要对模型运行 1 年的数据进行收集,即让模型运行 24 h×365(天)=8760 h];点击 重置 按钮重置模型。

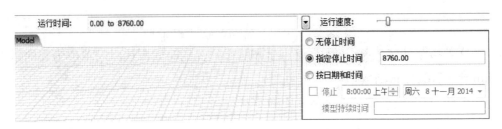

图 12-31　设置仿真停止时间

再次运行模型,可以适当地加快仿真运行的时间,当仿真时间达到 8760 时,模型会自动停止运行。这里仅对这一次模型运行的数据结果进行分析,单击"统计"按钮,然后生成统计报告,如图 12-32 所示。

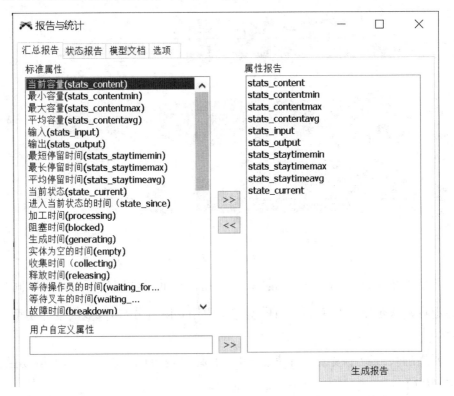

图 12-32　设置统计报告项目

得到配货中心 3 个货架的平均库存、进货和出货的数量,如图 12-33 所示。

第 12 章 配送中心建模与仿真

	A	B	C	D	E	F	G	H	I	J	K	L	M
1	Flexsim Summary Report												
2	Time:		8760										
3													
4	Object	Class	stats_conten	stats_conten	stats_conten	stats_contentavg	stats_input	stats_output	stats_staytim	stats_staytimer	stats_staytim	state_currer	state_since
5	发生器1	Source	0	0	0	1	0	1405	0	112.147331	5.232099	4	8757.098417
6	发生器2	Source	0	0	0	1	0	1387	0	103.332344	5.260995	4	8685
7	发生器3	Source	0	0	0	1	0	1387	0	127.059303	5.315172	5	8759.143
8	供应商1	Processor	1	0	1	0.641382	1405	1404	4	4	4	1	8756.098417
9	供应商2	Processor	0	0	1	0.638582	1387	1387	4	4	4	4	8688
10	供应商3	Processor	1	0	1	0.633084	1387	1386	3.000226	4.998292	4.000921	2	8759.143
11	生产商1库存	Queue	4	0	10	5.503685	1410	1406	0	67	34.171237	8	8720
12	生产商2库存	Queue	7	0	10	6.017964	1326	1319	0	75.204277	39.870978	8	8741.559902
13	生产商3库存	Queue	8	0	10	6.957307	1393	1385	0	72.874832	43.844289	8	8745.683562
14	配送中心库存1	Rack	17	0	20	13.545433	1404	1387	0.068844	187.505814	85.119786	1	8755
15	配送中心库存2	Rack	13	0	20	13.271563	1387	1374	0	174.394516	83.702135	1	8755
16	配送中心库存3	Rack	18	0	20	13.30969	1386	1368	0	194.163361	84.770797	1	8755
17	生产商1	Processor	1	0	2	1.123358	1406	1405	7	7	7	2	8755
18	生产商2	Processor	1	0	2	1.127685	1319	1318	6.003376	8.99583	7.493745	2	8758.434953
19	生产商3	Processor	1	0	2	1.85427	1385	1384	7.000026	7.997564	7.49771	2	8753.663946
20	吸收器1	Sink	1	1	1	4107	0	0	0	0	0	7	0

图 12-33　统计报告结果

Averageavg 指 Rack 每小时的平均库存;Input 指该 Rack 在运行时间内的总输入;Output 指该 Rack 在运行时间内的总输出;以货架 1 为例计算其收益。进货成本为由以上的数据和模型所预先设定的产品成本,可以得到配送中心这个 Rack 的收益情况:

进货总成本:$1404 \times 3 = 4212$(元)

供货总收入:$1387 \times 5 = 6935$(元)

存货成本:$13.545 \times 8760 / 100 \times 1 = 1186.5$(元)

利润:$6935 - 4212 - 1186.5 = 1536.5$(元)

还需要用同样的方法计算出另外两个 Rack 的收益情况(这里不再详细说明)。

为了研究库存对配送中心利润的影响,可以改变配送中心每个 Rack 的最大存储量(该数据在 Rack 参数页的 Rack 触发器项目下的 OnEntry 下进行编辑)和对供应商的订货条件(即库存低于多少时订货,这个数据在 Rack 参数页的 Rack 触发器项目下的 OnExit 下进行编辑),多次运行模型并进行数据分析,通过对比就可以知道怎样设置能使配送中心的利润最大。

思考:①拉式策略与推式策略有哪些不同? ②库存控制系统的优点有哪些?考虑如何设定合理的库存量。③以实际生活中配货系统为例,尝试建立模型并进行分析。

本章课后习题

一个小型发货商有 10 种产品运送给 5 个客户,每个客户有着不同的订单,这个发货商的 10 种产品都有很大的供货量,所以,当有订单来时,即可发货。产品是放在托盘上利用传送带输送出去的,具体数据见表 12-1。请根据提供的信息建立仿真模型。

表 12-1　客户订单资料

产品	客户订单				
	客户 1	客户 2	客户 3	客户 4	客户 5
产品 1	2	1	3	3	2
产品 2	2	1	1	2	3
产品 3	0	1	3	2	1
产品 4	3	2	1	0	2
产品 5	2	2	2	1	0
产品 6	2	4	0	2	0
产品 7	1	1	1	3	2
产品 8	1	2	3	2	1
产品 9	2	3	1	1	1
产品 10	3	2	0	1	2

提示：分拣中心运作过程示意图如图 12-34 所示。

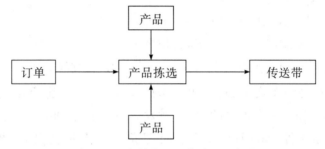

图 12-34　分拣中心运作过程示意图

第 13 章　超市服务系统建模与仿真

13.1　相关理论知识

大型超市是居民购物的重要场所,而超市收银服务系统在改善顾客满意度、提升服务质量等方面具有重要的作用。超市收银服务系统是一个典型的排队系统,一方面,顾客需要排队的时间及收银服务时间越短越好,否则会影响顾客的购物体验,降低顾客再次光顾的概率;另一方面,减少顾客服务时间的一个重要途径就是加开服务台,而盲目地增加服务台数量势必增加超市的运营成本,因此,超市收银服务系统需要在服务水平与服务成本之间取得平衡。

超市的服务对象是顾客,顾客的到来具有很大的随机性,同时顾客本身对超市服务的认知具有强烈的感情色彩,难以用数量模型对超市服务系统进行精确研究,因此,仿真方法在这一领域具有较强的适用性。结合数理统计及排队论知识,仿真方法可以对超市收银服务系统进行模拟,得出相应时间段合理的收银台服务数量,进而为超市管理者的决策提供依据,使超市收银服务水平与服务成本之间尽可能达到均衡。

本案例以某大型超市的收银服务系统为分析对象,相关数据经过实际调研获得,同时,顾客到达服从的函数分布及收银服务时间的函数分布均通过数据拟合得到,具体拟合过程省略。此外,顾客的到达具有明显的时段性,即节假日、周末顾客到达超市的概率明显高于正常工作日(周一至周五)顾客到达超市的概率。为了简单起见,本案例仅分析正常工作日收银服务系统的情况,其余情况下的分析过程与此类似,请读者自行分析。

13.2　相关仿真工具及功能

使用时间表对指定实体的状态进行设置,如停机时间。每一个时间表可以控制多个实体,每个实体又能被多个时间表所控制。一个模型可以包含多个时间表,并可定义时间表和模型开始时间之间的关联。要与模型时间关联,需要将时间表的重复时间设置为按周或按天,如图 13-1 所示。

图 13-1　时间表选项卡

13.3　超市收银台收银服务建模与仿真案例

13.3.1　案例背景

超市收银台收银服务模型描述如下：超市总共有 10 部收银台，通过对超市的调研，得到了该超市顾客到达时间间隔的相关数据，通过函数拟合确定了不同时间段顾客相继到达的指数分布函数。同时，收银服务时间稳定，收银员收银服务时间服从时间单位为秒的 exponential(45,0) 分布函数。根据顾客到达指数分布情况，可将工作日分成三个时间段，顾客进入已开放收银台排队队伍，在完成收银之后离开收银台。相关数据见表 13-1。

表 13-1　超市收银服务系统相关数据

时间段	开放收银台	分布函数
9:00—12:00	6	exponential(0,8,0)
12:00—17:00	8	exponential(0,6,0)
17:00—19:00	8	exponential(0,5,0)
19:00—22:00	10	

13.3.2　建模过程

（1）创建和连接对象。本模型使用的对象包括 1 个 Source、10 条 Conveyor、10 台 Processor 和 1 个 Sink。按照图 13-2 所示创建和连接对象，这里的连接都是 "A" 连接。具体连线情况如下：①连接发生器至各个传送带；②连接各传送带与对应的处理器；③连接各处理器与吸收器。

第 13 章 超市服务系统建模与仿真

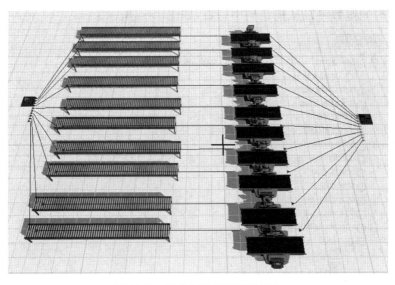

图 13-2 超市收银服务模型布局

(2) 参数设置。

①设置产品到达时间间隔。双击 Source(即顾客到达)对象,将临时实体种类设置为"Man"。同时,根据顾客不同时间段到达所服从的指数函数分布情况,在到达时间间隔下拉列表中选择"按一天内不同时段:",设置相应的顾客到达函数。具体设置情况如图 13-3 所示。

图 13-3 按不同时段设置临时实体到达

到达时间函数可以从树结构中查看，如图 13-4 所示。

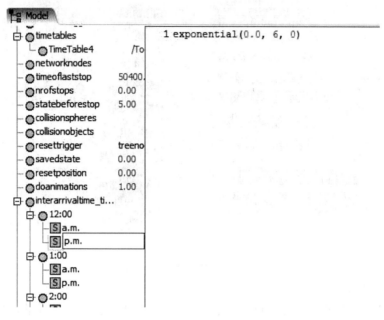

图 13-4　查看不同时段的到达时间函数

②设置 Source 临时实体流。双击 Source(即顾客到达)对象，在 Source 对象的临时实体流→输出→发送至端口选项卡中，选择"最短可用队列"，如图 13-5 所示。

图 13-5　输出的发送至端口设置

③设置队列。设置传送带最大容量为 50，下面以队列 1 为例进行说明，其余队列的设置与此类似。由于此传送带在这个模型中作为排队的队列，因此传送带的速度设置为默认的 1 个长度单位/单位时间（根据约定，这里代表 1 m/s），不需要修改。具体设置如图 13-6 所示。

图 13-6　队列设置

④定义队列的输出路径。假定顾客进入队列之后不能再转移到其他队列中。在传送带的输出下拉列表中选择"第一个可用"，默认代码就会将实体发往与传送带"A"连接所连的第一个端口。以队列 1 为例设置输出路径的情况，其他队列的设置与此类似。具体设置如图 13-7 所示。

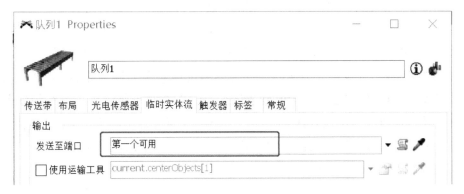

图 13-7　队列输出端口设置

⑤设置服务时间。将 6 个收银台的处理时间都设为 exponential(45,0)，以收银台 1 为例，具体设置如图 13-8 所示。其他服务时间的设置与此类似。

图 13-8 收银台服务时间设置

(3)添加并设置时间表。为了实现对不同时间段开放不同数目队列的控制，这里引入了时间表。在使用时间表时需要注意，时间表是以控制对象为中心，而不是以时间段为中心，一个实体的控制行为只能由一个时间表来控制，某个实体若对应多个时间表，则会取多个时间表的交集。例如对于队列1、2、3、4、5、6，若设置两个时间表，假设最初的目的是上午9点至12点开放6个队列，下午2点至3点开放4个队列，则需要设置2个时间表，如图13-9和图13-10所示。

第 13 章 超市服务系统建模与仿真

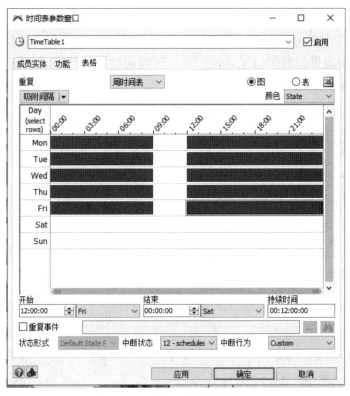

图 13-9 开放 6 个队列的设置

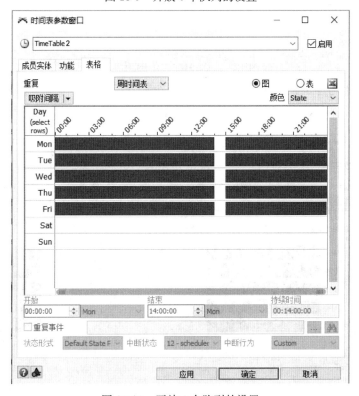

图 13-10 开放 4 个队列的设置

运行模型得到的结果是,队列 1、2、3、4 会一直处于停滞状态,原因就在于对同一对象(队列 1 至队列 4)设置了两个时间表,而两个时间表去交集,即为停滞状态。

根据模型提供的数据情况,可将 10 个队列通过三个时间表进行整体控制,各个队列的工作情况见表 13-2。

表 13-2　模型中需要设置的时间表情况

队列	对应的时间表	开放的时间
队列 1 至队列 6	TimeTable1	9 点至 12 点;12 点至 17 点;17 点至 22 点
队列 7 与队列 8	TimeTable2	12 点至 17 点;17 点至 19 点
队列 9 与队列 10	TimeTable3	19 点至 22 点

根据表 13-2 可知,应该设置三个时间表以实现对 10 个队列的控制,这里以 TimeTable1 为例进行说明,具体设置步骤如下,其他两个控制队列的时间表设置与此类似。添加时间表并设置成员实体,如图 13-11 所示。

图 13-11　向时间表中添加成员

设置工作与停滞的时间段,如图 13-12 所示。

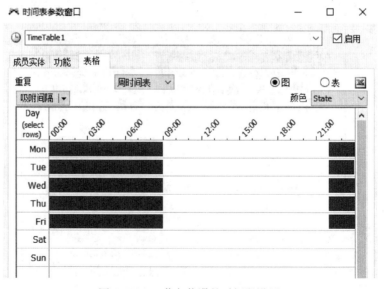

图 13-12　工作与停滞的时间段设置

案例中除需要对 10 个队列进行控制以外，还需要对发生器进行控制，以使其在工作时间产生临时实体，其余时间停止工作，故添加第四个 TimeTable，并进行相应的设置。设置的基本情况如图 13-13 和图 13-14 所示。

图 13-13 添加控制发生器的时间表

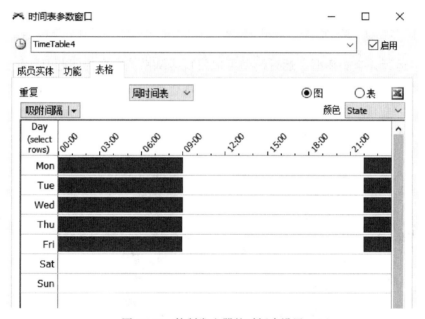

图 13-14 控制发生器的时间表设置

（4）设置仿真时间。为使模型更加真实地模拟系统运行情况，需要对仿真时间进行设置，点击"编辑"选项，选择"模型设置"，可以进行模型运行开始时间的设置，如本案例中将模型开始时间设置为"2022/03/14 星期一"，如图 13-15 所示。同时，在"模型运行之间"后的下拉菜单中选择"按日期和时间"停止模型，本案例将模型停止时间设置为"2022/03/18 星期五"晚上 11 点，如图 13-16 所示。

图 13-15　仿真时间设置　　　　图 13-16　仿真停止时间设置

(5)运行并查看模型。运行模型可以发现排队系统存在的问题,17 点至 19 点时,顾客排队时间较长,需要对该服务机构加以改进。具体运行结果如图 13-17 所示。

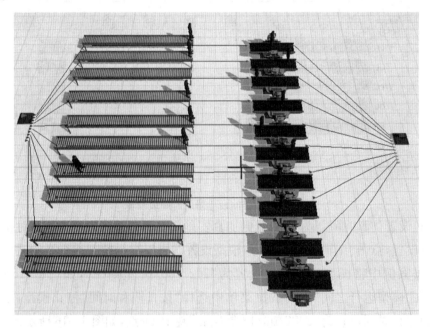

图 13-17　模型运行结果

本章课后习题

某车间的布局如图 13-18 所示,该车间共有 6 名操作工人,每班 3 人,他们的工作是将产品从暂存区 1 搬运到下游的处理器 1 和处理器 2,并在协助加工完成后,将产品搬运至处理器 3,在协助加工完成后,将产品搬运至暂存区 2。假设:

(1) 该车间生产实行两班制,白班的工作时间为早上 7 点至下午 3 点;夜班的工作时间为下午 4 点至晚上 12 点,晚上 12 点至第二天早上 7 点是休息时间,暂存区 1 不接收也不发送实体。

(2) 每个班次的工人下班后要到指定的工作区域进行休息。

(3) 假设产品的到达服从 exponential(0,80,0) 分布函数,处理器 1、处理器 2 和处理器 3 的加工时间分别为 8 s、5 s、6 s。

请建立该车间一天内生产的仿真模型。

提示:3 名操作工人应该服从某种特定的方式来分配具体工作任务;下午 3 点到 4 点期间,暂存区 1 仍然处在可以接受新产品的状态。

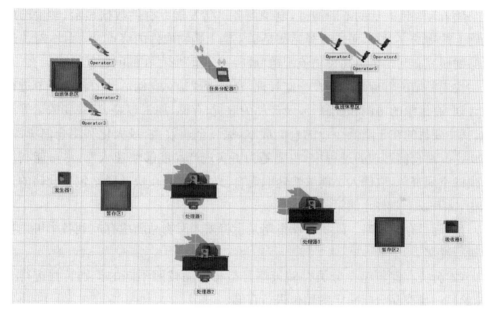

图 13-18　工作车间原始布局

第14章 快递取件建模与仿真

14.1 仓储理论及建模知识

14.1.1 仓储理论知识

随着互联网时代的不断演进,电子商务迅猛发展。有关数据显示,学生已成为网上购物的主力军,而快递驿站却是学生网上购物取件的终点站,因此,对快递驿站的研究有利于解决高校物流配送"最后一公里"所存在的问题。

快递驿站的管理研究涉及仓储管理,仓储管理是对仓储活动的各个环节进行有计划、有组织的协调和控制,涉及产品的取货、存储、加工包装、装载和搬运等活动,其主要目的在于降低企业的仓储成本,提高企业效益,最大化利用仓储资源。在快递驿站仓储管理的过程中,主要是为了实现产品能够快速入库,尽可能利用有限的空间资源,取件人员能够快速取走自己的包裹。在快递驿站包裹仓储的过程中,常有以下四种仓储策略:

(1)随机存储策略。随机存储策略是指将需入库物品随机存放到各个可用货位进行存储。

(2)分类存储策略。分类存储策略是指将商品按照不同的类别特性进行分类,给每一类商品分配一定的储位进行存储。

(3)就近空位存储策略。就近空位存储策略是指将产品分配到距离较近的空闲位置上进行存储,该存储策略可以最大限度地减少入库搬运行驶的距离。

(4)基于周转率的存储策略。基于周转率的存储策略是指将商品按照周转率进行分类存储,具有较高周转率的货物分配在靠近拣选台且较易获取的位置。

14.1.2 模型构建知识

在本案例中使用到的函数见表14-1。

表14-1 本案例中使用到的函数简介

函数	作用
xsize(object)	获取实体在 x 轴方向的大小
ysize(object)	获取实体在 y 轴方向的大小
zsize(object)	获取实体在 z 轴方向的大小

续表

函数	作用
setsize(object,num sx,num sy,num sz)	设置实体的大小
xloc(object)	获取实体在 x 轴方向的坐标
yloc(object)	获取实体在 y 轴方向的坐标
zloc(object)	获取实体在 z 轴方向的坐标
setloc(object,num x,num y,num z)	设置实体的坐标位置
reftable(str/num globaltable)	对全局的引用
gettablenum(str/node/num table,num row,num col)	获取全局表的值
clearglobaltable(str/node/num table)	将全局表中的值全部清零
settablesize(str/num/node table,num rows,num cols)	设置全局表的大小
gettablerows(str/node/num table)	获取全局表的行数
rackgetbaysize(rack,num bay)	获取货格的长度
rackgetcellcontent(obj rack,num bay,num level)	获取货格当前装载有实体的数量
rackgetbayofitem(obj rack,obj item)	获取临时实体放置在货架的列数
rackgetlevelofitem(obj rack,obj item)	获取临时实体放置在货架的层数
rackgetbayloc(obj rack,num bay)	获取货架某一列在 x 轴方向的坐标值
rackgetlevelloc(obj rack,num bay)	获取货架某一列在 z 轴方向的坐标值
closeoutput(object)	关闭实体的输出端口
openoutput(object)	打开实体的输出端口
outobject(object,num outputportnum)	对实体输出端口的引用
node(str relativepath)	树节点的引用
setnodenum(node thenode,num value)	给某个树节点赋值
setvarnum(object,str/num var,num value)	给树节点变量赋值
moveobject(object,location)	该命令将实体通过指定端口移动到指定位置
object.labels.assert("name").value=5	给实体标签赋值
object.labels["name"].value	获取实体标签的值
senddelayedmessage(toobject,delaytime,fromobject)	给实体发送延迟消息
current.color=color.random()	给实体随机染上一个颜色
msg(str caption,str text)	创建一个消息框,该消息框带有一个标题栏,显示该框中的标题和文本
content(object)/object.subnodes.lenth	统计当前实体装载有临时实体的个数

switch 语句:switch 语句属于多分支条件选择语句,当其满足某个条件时,便执行相应的代码,其示例如下所示:

```
switch(表达式)
  {
    case 常量表达式 1:语句 1;break;
    case 常量表达式 2:语句 2;break;
    ……
    case 常量表达式 n:语句 n;break;
    default:语句 n+1;break;
  }
```

在 switch 语句中,会先计算表达式的值,再逐个与 case 后的常量表达式进行比较,如果不相等,则继续往下比较,若一直不相等,则执行 default 后的语句;若等于某一个常量表达式,则执行这个表达式后的语句。

任务序列:任务序列是指一个任务执行器按一定顺序执行的一系列任务。任务执行器是任务执行器类实体,如操作员、叉车、起重机、堆垛机、机器人、升降机和其他可移动资源。如果实体的属性窗口中包含任务执行器选项卡,那么它就是一个任务执行器。

除一系列任务外,每个任务序列还有一个优先级,优先级定义此任务序列对比其他任务序列的重要程度。每个任务序列还有一个先占值,用来决定该任务序列是否要抢占其他正在执行的任务序列。固定实体拥有创建任务序列的默认机制,实现把临时实体搬运到下游设备。打开固定实体的属性窗口,点击临时实体流选项卡中的"使用运输工具",就可以执行这个默认的任务序列。

首先,使用创建任务序列命令 createemptytasksequence()创建一个任务序列;其次,使用插入任务序列命令 inserttask()向任务序列中插入任务;最后,使用分配任务序列命令 dispatchtasksequence()分配任务序列。

14.2　模型概述

某小型快递驿站负责接收 ZTO、YTO 和 STO 3 家快递公司的包裹,所有包裹都是用长方体箱子进行包装,箱子有小、中、大 3 种尺寸规格,其尺寸规格信息见表 14-2。

表 14-2　箱子尺寸信息(单位:m)

规格	尺寸		
	x 轴方向	y 轴方向	z 轴方向
小包裹	0.11	0.15	0.12
中等包裹	0.15	0.2	0.15
大包裹	0.2	0.3	0.15

3家快递公司的包裹数量以及包裹到达驿站的时间见表14-3,此处时间即为模型运行的时间点,时间单位为秒。

表14-3 产品到达时间表

快递公司	产品类型	到达时间点	数量
ZTO	小	0	76
ZTO	中	0	50
ZTO	大	0	38
YTO	小	1200	70
YTO	中	1200	48
YTO	大	1200	36
STO	小	2400	72
STO	中	2400	50
STO	大	2400	34

快递到达后,先放置在存放区进行存放,然后由两个搬运工人用小车进行搬运,小车每次只能搬运30个包裹。在搬运的过程中,搬运工人1的装载时间服从均值为8、标准差为2的正态分布,卸载时间服从均值为7、标准差为3的正态分布。搬运工人2的装载时间服从均值为7、标准差为1的正态分布,卸载时间服从均值为6、标准差为2的正态分布。小车的装载示意图如图14-1所示。

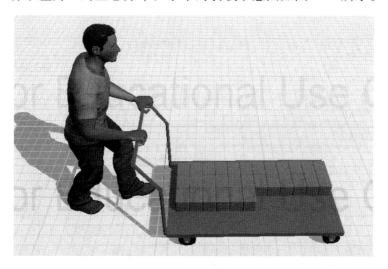

图14-1 小车装载示意图

搬运工人1在卸货点1进行卸载,搬运工人2在卸货点2进行卸载,其示意图如图14-2所示。

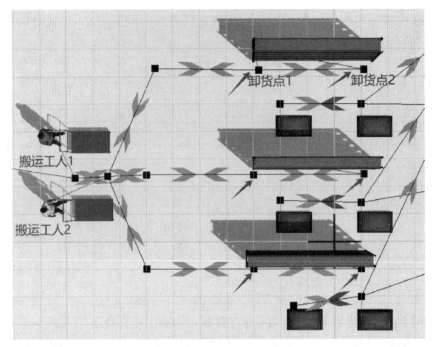

图 14-2　搬运工人与卸货点

快递放置在 3 个货架上，每个货架有 1 列 6 层，并且 3 个货架的尺寸规格相同，3 个货架分别命名为 ZTO_RACK、YTO_RACK 和 STO_RACK，它们分别存放 ZTO、YTO 和 STO 快递公司的快递，货架的规格信息与产品的储存信息见表 14-4 和表 14-5。

表 14-4　货架规格信息

	尺寸(m)		货架规格
货格长度	4.4	货架层数	6
货格高度	0.3	货架列数	1
货架宽度	0.4		

表 14-5　产品储存信息

产品类型	货格容量	放置位置
小	39	货架 3、4 层
中	28	货架 5、6 层
大	21	货架 1、2 层

产品在货架中有序地进行摆放，产品摆放示意图如图 14-3 所示。

第 14 章 快递取件建模与仿真

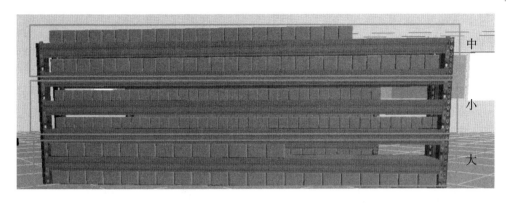

图 14-3 产品摆放示意图

在顾客取件与工人搬运的过程中,都是按规定的路径进行行走,其行走路径规划布局如图 14-4 所示。

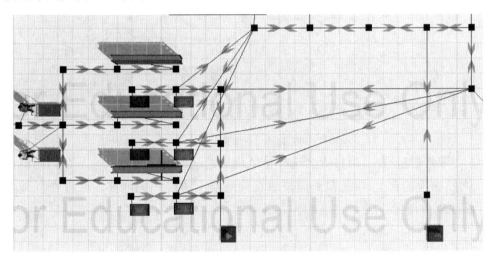

图 14-4 行走路径规划布局图

模型运行 4000 s 后顾客开始到快递驿站进行取件,顾客到达的时间服从 exponential(0,10,0)分布。在顾客取货的过程中,假设每个货架有两个取货点可以进行取货,当顾客到达取货点后,顾客随机从货架上面取走 1 件快递,并且每个顾客最多只取 1 件快递,在该快递驿站中有 2 个检验台可以进行扫码取件,每个顾客扫码取件的时间为 10 s,顾客扫码取件完成后便离开驿站。货架的取货点如图 14-5 所示。

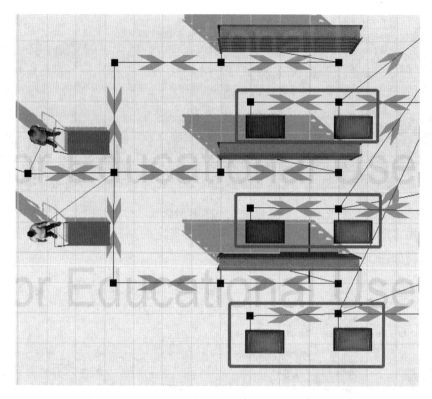

图 14-5 货架取货点

在取件的过程中,取件人会选择排队最短的端口进行排队取件。在扫码取件时,人站在检验台上,快递包裹需要放在检验器上进行扫码取件。取件布局效果图如图 14-6 所示。

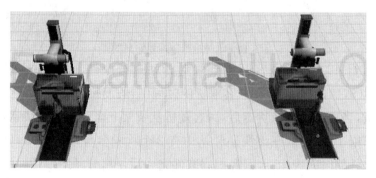

图 14-6 取件布局效果图

经过可视化布置及人员场景的搭建,最终整体布局如图 14-7 所示。

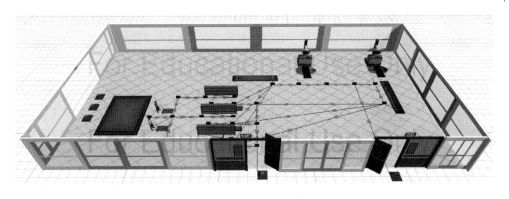

图 14-7　整体布局

14.3　建模过程

14.3.1　整体思路

在仿真建模的过程中,首先需要形成整体建模思路,然后找出关键步骤,最后一步步地实现仿真建模的各个流程。针对本案例的仿真建模,本节形成了基于如下几个关键问题的建模思路。

(1)分析各家快递公司产品到达的时间,以及如何区别不同快递公司的包裹,然后进一步考虑如何区分不同类型的包裹,如何根据不同类型的包裹选择不同尺寸的箱子进行包装。

(2)如何设计工人的最大搬运量,以及产品如何在搬运小车上实现有序的摆放。

(3)如何实现装载有货物的搬运工人到相应的卸货点进行卸货。

(4)如何计算出一个货格对各种类型产品的容纳量,并与包裹的到达数量相互协调。

(5)如何模拟不同顾客扫码取件的过程。

14.3.2　具体过程

(1)包裹产生的设置。由于在仿真的过程中有3家快递公司的快递到达驿站,因此选用3个发生器来代表3家快递公司,3个发生器的名字分别命名为ZTO、YTO和STO,这3个发生器与存放区都要进行"A"连接。由于每家快递公司都有3种不同类型的快递,每种类型快递的尺寸大小与数量都不相同,而且同一家快递公司的快递到达时间都是相同的,因此,为了让发生器尽可能地在同一时刻产生3种不同类型和规定数量的快递,我们可以直接选用到达时间表,在到达时间表中直接设定每种类型产品到达的时间和数量。具体设置如图 14-8、图 14-9 和图 14-10 所示。

图 14-8　ZTO 发生器产品到达时间设置

图 14-9　YTO 发生器产品到达时间设置

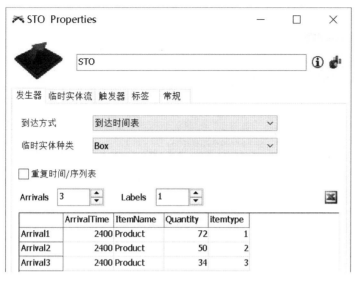

图 14-10　STO 发生器产品到达时间设置

由于在仿真的过程中需要模拟 3 家快递公司的产品，因此需要给产品添加 Type 标签，用于区别不同快递公司的产品，Type 标签的数值 1、2 和 3 分别表示 ZTO 公司、YTO 公司和 STO 公司。由于不同类型产品的尺寸大小都不尽相同，因此，需要根据产品的类型设计产品的尺寸大小。为了方便参数的更改，本节建立一个 3 行 3 列、名为 size 的全局表，用于记录各种类型产品的尺寸大小，见表 14-6，然后在 3 个发生器的离开触发处，根据产品的类型设计产品的尺寸大小，具体参数设置如图 14-11、图 14-12 和图 14-13 所示。

表 14-6　产品尺寸大小

	xsize	ysize	z_size
small	0.11	0.15	0.12
middle	0.15	0.2	0.15
big	0.2	0.3	0.15

```
/**Custom Code*/
Object current = ownerobject(c);
Object item = param(1);
int port = param(2);

item.labels.assert("Type").value=1;

double small_x=gettablenum("size",1,1);
double small_y=gettablenum("size",1,2);
double small_z=gettablenum("size",1,3);

double middle_x=gettablenum("size",2,1);
double middle_y=gettablenum("size",2,2);
double middle_z=gettablenum("size",2,3);

double big_x=gettablenum("size",3,1);
double big_y=gettablenum("size",3,2);
double big_z=gettablenum("size",3,3);

int size=item.labels["itemtype"].value;

switch (size) {
    case 1: item.setSize(small_x,small_y,small_z);break;
    case 2: item.setSize(middle_x,middle_y,middle_z);break;
    case 3: item.setSize(big_x,big_y,big_z);break;
}
```

图 14-11　ZTO 发生器离开触发设置

```
/**Custom Code*/
Object current = ownerobject(c);
Object item = param(1);
int port = param(2);
item.labels.assert("Type").value=2;

double small_x=gettablenum("size",1,1);
double small_y=gettablenum("size",1,2);
double small_z=gettablenum("size",1,3);

double middle_x=gettablenum("size",2,1);
double middle_y=gettablenum("size",2,2);
double middle_z=gettablenum("size",2,3);

double big_x=gettablenum("size",3,1);
double big_y=gettablenum("size",3,2);
double big_z=gettablenum("size",3,3);

int size=item.itemtype;

switch (size) {
    case 1: item.setSize(small_x,small_y,small_z);break;
    case 2: item.setSize(middle_x,middle_y,middle_z);break;
    case 3: item.setSize(big_x,big_y,big_z);break;
}
```

图 14-12　YTO 发生器离开触发设置

```
1  /**Custom Code*/
2  Object current = ownerobject(c);
3  Object item = param(1);
4  int port = param(2);
5  item.labels.assert("Type").value=3;
6
7  double small_x=gettablenum("size",1,1);
8  double small_y=gettablenum("size",1,2);
9  double small_z=gettablenum("size",1,3);
10
11 double middle_x=gettablenum("size",2,1);
12 double middle_y=gettablenum("size",2,2);
13 double middle_z=gettablenum("size",2,3);
14
15 double big_x=gettablenum("size",3,1);
16 double big_y=gettablenum("size",3,2);
17 double big_z=gettablenum("size",3,3);
18
19 int size=item.itemtype;
20
21 switch (size) {
22     case 1: item.setSize(small_x,small_y,small_z);break;
23     case 2: item.setSize(middle_x,middle_y,middle_z);break;
24     case 3: item.setSize(big_x,big_y,big_z);break;
25 }
```

图 14-13　STO 发生器离开触发设置

（2）存放区参数设置。为了在模型运行前保证到达的包裹都能放置到对应的货架层中，应设置包裹到达的防错处理。本节在存放区的重置触发处，根据产品的规格信息计算出每个货格对每种类型产品的容量，然后将数值分别记录到全局表"can_shu"第 1 列的第 2、3、4 行中。与此同时，为了方便修改各发生器产生临时实体的数量，本节也利用全局表"can_shu"记录各家快递公司产生各种类型包裹的数量，然后通过树结点引用全局表中相应的数值，对发生器产生临时实体的数量进行修改。例如，ZTO 小包裹的设置数量如果小于 ZTO 货架小包裹的容纳量，则产品到达采用设置数量，反之采用 ZTO 货架小包裹的容纳量。全局表"can_shu"中各参数的含义见表 14-7。

表 14-7　全局表"can_shu"中参数的含义

行表头	含义
close_time	产生顾客的发生器关闭输出的时间
small	一个货格能够容纳小包裹的总数量
middle	一个货格能够容纳中等包裹的总数量
big	一个货格能够容纳大包裹的总数量
carry1	记录操作工人 1 搬运小车上一个临时实体树结点的数值
carry2	记录操作工人 2 搬运小车上一个临时实体树结点的数值
Asmall_num	ZTO 快递公司产生小包裹的总数量
Amiddle_num	ZTO 快递公司产生中等包裹的总数量

续表

行表头	含义
Abig_num	ZTO 快递公司产生大包裹的总数量
Bsmall_num	YTO 快递公司产生小包裹的总数量
Bmiddle_num	YTO 快递公司产生中等包裹的总数量
Bbig_num	YTO 快递公司产生大包裹的总数量
Csmall_num	STO 快递公司产生小包裹的总数量
Cmiddle_num	STO 快递公司产生中等包裹的总数量
Cbig_num	STO 快递公司产生大包裹的总数量
maxcontent	搬运工人最大的搬运数量

存放区重置触发处相应代码的设置如下：

```
/* * Custom Code * /
treenode current=ownerobject(c);
treenode Rack1=outobject(current,1);//对 ZTO_RACK 货架进行引用
treenode Rack2=outobject(current,2);//对 YTO_RACK 货架进行引用
treenode Rack3=outobject(current,3);//对 STO_RACK 货架进行引用
//ZTO 发生器到达时间表的引用
treenode ZTO_arrival1=Model.find("ZTO>variables/schedule/Arrival1");//ZTO 第一次到达的产品数量的树结点的引用
treenode ZTO_arrival2=Model.find("ZTO>variables/schedule/Arrival2");//ZTO 第二次到达的产品数量的树结点的引用
treenode ZTO_arrival3=Model.find("ZTO>variables/schedule/Arrival3");//ZTO 第三次到达的产品数量的树结点的引用
//YTO 发生器到达时间表的引用
treenode YTO_arrival1=Model.find("YTO>variables/schedule/Arrival1");//YTO 第一次到达的产品数量的树结点的引用
treenode YTO_arrival2=Model.find("YTO>variables/schedule/Arrival2");//YTO 第二次到达的产品数量的树结点的引用
treenode YTO_arrival3=Model.find("YTO>variables/schedule/Arrival3");//YTO 第三次到达的产品数量的树结点的引用
//STO 发生器到达时间表的引用
treenode STO_arrival1=Model.find("STO>variables/schedule/Arrival1");//STO 第一次到达的产品数量的树结点的引用
treenode STO_arrival2=Model.find("STO>variables/schedule/Arrival2");//STO 第二次到达的产品数量的树结点的引用
treenode STO_arrival3=Model.find("STO>variables/schedule/Arrival3");//STO 第三次到达的产品数量的树结点的引用
```

第 14 章 快递取件建模与仿真

```
double Size=rackgetbaysize(Rack1,1)-0.1;    //获取当前货架第1列货格的长度
double Xsize1=gettablenum("size",1,1);       //获取小包裹x轴方向的宽度值
double Xsize2=gettablenum("size",2,1);       //获取中等包裹x轴方向的宽度值
double Xsize3=gettablenum("size",3,1);       //获取大包裹x轴方向的宽度值
int capacity1=Size/Xsize1;                   //计算一个货格的长度能够存放多少个小包裹
int capacity2=Size/Xsize2;                   //计算一个货格的长度能够存放多少个中等包裹
int capacity3=Size/Xsize3;                   //计算一个货格的长度能够存放多少个大包裹
//获取ZTO快递公司各种大小包裹的数量
int Asmall_num=gettablenum("can_shu",7,1);   //获取ZTO快递公司小包裹到达的数量
int Amiddle_num=gettablenum("can_shu",8,1);  //获取ZTO快递公司中等包裹到达的数量
int Abig_num=gettablenum("can_shu",9,1);     //获取ZTO快递公司大包裹到达的数量
//获取YTO快递公司各种大小包裹的数量
int Bsmall_num=gettablenum("can_shu",10,1);  //获取YTO快递公司小包裹到达的数量
int Bmiddle_num=gettablenum("can_shu",11,1); //获取YTO快递公司中等包裹到达的数量
int Bbig_num=gettablenum("can_shu",12,1);    //获取YTO快递公司大包裹到达的数量
//获取STO快递公司各种大小包裹的数量
int Csmall_num=gettablenum("can_shu",13,1);  //获取STO快递公司小包裹到达的数量
int Cmiddle_num=gettablenum("can_shu",14,1); //获取STO快递公司中等包裹到达的数量
int Cbig_num=gettablenum("can_shu",15,1);    //获取STO快递公司大包裹到达的数量
//防错处理
/*设置ZTO快递小包裹的数量,当我们设置的数量小于1个货架的2层货位对小包裹的容纳数量
时,则ZTO发生器产生小包裹的数量便为我们设定的值,否则为1个货架的2层货位对小包裹的容
纳数量*/
if(Asmall_num<=capacity1*2)
{
setnodenum(ZTO_arrival1,Asmall_num);
}
else
{/*当我们设置ZTO快递公司产生小包裹的数量大于1个货架的2层货位对小包裹的容纳数量
时,会发出提示,并将ZTO快递公司产生小包裹的数量设定为1个货架的2层货位对小包裹的最大
容纳数量*/
msg("capacity to remind","the quantity exceeded the shelf capacity");  //出错提醒
setnodenum(ZTO_arrival1,capacity1*2);
}
/*设置ZTO快递中等包裹的数量,当我们设置的数量小于1个货架的2层货位对中等包裹的容纳
数量时,则ZTO发生器产生中等包裹的数量便为我们设定的值,否则为1个货架的2层货位对中等
包裹的容纳数量*/
if(Amiddle_num<=capacity2*2)
{
```

```
setnodenum(ZTO_arrival2,Amiddle_num);
}
else
{/*当我们设置ZTO快递公司产生中等包裹的数量大于1个货架的2层货位对中等包裹的容纳数
量时,会发出提示,并将ZTO快递公司产生中等包裹的数量设定为1个货架的2层货位对中等包裹
的最大容纳数量*/
msg("capacity to remind","the quantity exceeded the shelf capacity");//出错提醒
setnodenum(ZTO_arrival2,capacity2*2);
}
/*设置ZTO快递大包裹的数量,当我们设置的数量小于1个货架的2层货位对大包裹的容纳数量
时,则ZTO发生器产生大包裹的数量便为我们设定的值,否则为1个货架的2层货位对大包裹的容
纳数量*/
if(Abig_num<=capacity3*2)
{
setnodenum(ZTO_arrival3,Abig_num);
}
else
{/*当我们设置ZTO快递公司产生大包裹的数量大于1个货架的2层货位对大包裹的容纳数量
时,会发出提示,并将ZTO快递公司产生大包裹的数量设定为1个货架的2层货位对大包裹的最大
容纳数量*/
msg("capacity to remind","the quantity exceeded the shelf capacity");//出错提醒
setnodenum(ZTO_arrival3,capacity3*2);
}
//设置YTO快递小包裹的数量
if(Bsmall_num<=capacity1*2)
{
setnodenum(YTO_arrival1,Bsmall_num);
}
else
{
msg("capacity to remind","the quantity exceeded the shelf capacity");//出错提醒
setnodenum(YTO_arrival1,capacity1*2);
}
//设置YTO快递中等包裹的数量
if(Bmiddle_num<=capacity2*2)
{
setnodenum(YTO_arrival2,Bmiddle_num);
}
else
```

```
{
msg("capacity to remind","the quantity exceeded the shelf capacity");//出错提醒
setnodenum(YTO_arrival2,capacity2 * 2);
}
//设置 YTO 快递大包裹的数量
if(Bbig_num<=capacity3 * 2)
{
setnodenum(YTO_arrival3,Bbig_num);
}
else
{
msg("capacity to remind","the quantity exceeded the shelf capacity");//出错提醒
setnodenum(YTO_arrival3,capacity3 * 2);
}
//设置 STO 快递小包裹的数量
if(Csmall_num<=capacity1 * 2)
{
setnodenum(STO_arrival1,Csmall_num);
}
else
{
msg("capacity to remind","the quantity exceeded the shelf capacity");//出错提醒
setnodenum(STO_arrival1,capacity1 * 2);
}
//设置 STO 快递中等包裹的数量
if(Cmiddle_num<=capacity2 * 2)
{
setnodenum(STO_arrival2,Cmiddle_num);
}
else
{
msg("capacity to remind","the quantity exceeded the shelf capacity");//出错提醒
setnodenum(STO_arrival2,capacity2 * 2);
}
//设置 STO 快递大包裹的数量
if(Cbig_num<=capacity3 * 2)
{
setnodenum(STO_arrival3,Cbig_num);
}
```

else
{
msg("capacity to remind","the quantity exceeded the shelf capacity");//出错提醒
setnodenum(STO_arrival3,capacity3 * 2);
}
//设置货架的最大容量
int Maxcontent=(capacity1+capacity2+capacity3) * 2;
setvarnum(Rack1,"maxcontent",Maxcontent);
setvarnum(Rack2,"maxcontent",Maxcontent);
setvarnum(Rack3,"maxcontent",Maxcontent);
settablenum("can_shu",2,1,capacity1);　　//用 chan_shu 全局表记录一层货架对小包裹的最大容纳数量
settablenum("can_shu",3,1,capacity2);　　//用 chan_shu 全局表记录一层货架对中等包裹的最大容纳数量
settablenum("can_shu",4,1,capacity3);　　//用 chan_shu 全局表记录一层货架对大包裹的最大容纳数量

在存放区的离开触发处设置搬运工人的最大搬运数量，并开启搬运工人的推车动画，其代码设置如图 14-14 所示。

图 14-14　离开触发处代码设置

此外，存放区需要与 3 个货架都进行"A"连接。由于存放区上的产品需要 2 个搬运工人进行搬运，因此需要添加一个任务分配器，任务分配器与存放区进行"S"连接，与两个搬运工人进行"A"连接。由于不同快递公司的快递放置在不同的货架上，因此，需要根据相应的标签值发往不同的货架区并勾选"使用运输工具"，具体参数设置如图 14-15 所示。

图 14-15　存放区发送下游端口的设置

(3) 搬运工人参数设置。由于搬运工人是使用小车进行搬运的,因此,需要在搬运工人的动画编辑器中添加组件,添加步骤如图 14-16 和图 14-17 所示。

图 14-16　打开动画编辑窗口

首先添加子部件,将部件名称改为"che",然后改变部件的三维外观。此处搬运小车三维实体需使用三维绘图软件自行绘制。

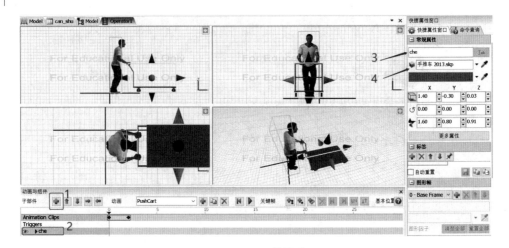

图 14-17 组件设计

完成上述操作后,需要对搬运工人的"PushCart"动画帧进行修改,并调整至合适位置,调整结果如图 14-18 所示。

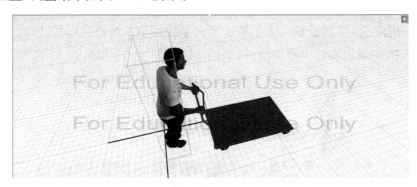

图 14-18 动画关键帧调整

当搬运工人的小车设计好后,需要对临时实体在小车上的摆放位置进行设置。小车中临时实体的摆放是根据上一个临时实体的摆放来确定的,由于搬运工人的装载触发中并没有树结点记录上一个临时实体的摆放位置,因此,需要借助全局表记录上一个临时实体的信息。在本节中将操作工人 1 装载的上一个临时实体的信息记录在全局表"can_shu"的第 5 行中,将操作工人 2 装载的上一个临时实体的信息记录在第 6 行中。此外,还需给操作工人添加"vehicle"标签、"levelnum"标签和"station"标签。"vehicle"标签用于记录临时实体在 y 轴方向摆放的长度,"levelnum"标签用于记录临时实体在 z 轴方向摆放的高度。在摆放的过程中,先沿 x 轴方向进行摆放,当 x 轴方向剩余的空间不够容纳临时实体时,再开始往 y 轴方向摆放,最后再向上堆积。"station"标签用于记录搬运工人的卸载点,"station"标签值为 1,搬运工人在卸货点 1 进行卸载,"station"标签值为 2,搬运工人在卸货点 2 进行卸载。由于每次重置时需要将记录上一个临时实体信息的值设置为 0,因此,需要在操作工人重置触发处设置相应的代码,具体设置如图

14-19 和图 14-20 所示。

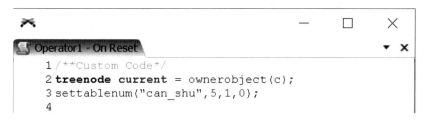

图 14-19　搬运工人 1 重置触发代码设置

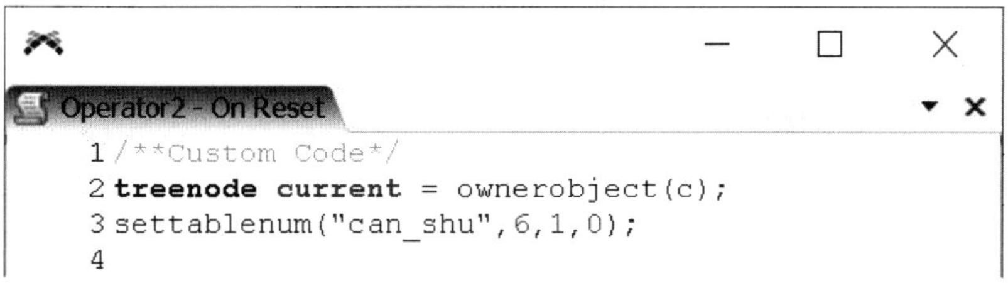

图 14-20　搬运工人 2 重置触发代码设置

当搬运工人进行装载时，需要将产品按照一定的规则摆放好，因此，需要借助上文所提到的"vehicle"标签、"levelnum"标签和"station"标签，其设置如图 14-21 和图 14-22 所示。

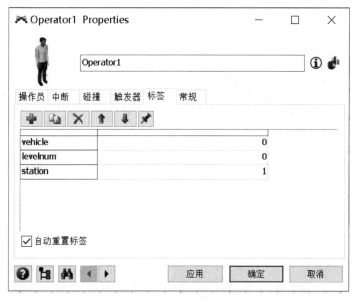

图 14-21　搬运工人 1 标签设置

图 14-22 搬运工人 2 标签设置

搬运工人借助小车对产品进行装载时,需要在搬运工人的装载触发处设定一定的代码,使产品按一定的规则进行摆放,相应代码如图 14-23 和图 14-24 所示。

图 14-23 搬运工人 1 装载触发代码设置

```
/**Custom Code*/
treenode item = parnode(1);
treenode current = ownerobject(c);
treenode station = parnode(2);

Table table=Table("can_shu");    //通过全局表引用上一个临时实体
double lasti=table[6][1];         //将临时实体数值转换成临时实体
treenode lastitem=tonode(lasti);
treenode che=Model.find("Operator1>visual/drawsurrogate/che");  //小车的引用
double X=ysize(che);              //计算小车装载区域x轴的长度
double Y=xsize(che)-0.2;          //计算小车装载区域y轴的长度
int quantity=current.subnodes.length;
double x0=0.86;                   //x轴初始位置
double y0=-0.12;                  //y轴初始位置
double z0=0.2;                    //z轴初始位置
if(quantity==1)   //判断是第一个进入的实体
{
    setloc(item,x0,y0,z0);        //第一个产品摆放的位置             //将临时实体转换成数值
    double m=tonum(item);
    table[6][1]=m;                //将临时实体数值写入全局表
    return 0;                                                   //结束该触发
}

if(x0+Y-(xloc(lastitem)+xsize(lastitem))>=xsize(item))//判断x轴方向是否还有空位容纳临时实体
{
    setloc(item,xloc(lastitem)+xsize(lastitem),yloc(lastitem),zloc(lastitem));//设置临时实体在x轴方向的位置
    double m=tonum(item);         //将临时实体转换成数值
    table[6][1]=m;                //结束该触发
    return 0;                     //结束该触发
}
else
{
    inc(label(current,"vehicle"),ysize(lastitem));   //记录产品在y轴方向已经摆放的长度
}

if(y0+X-(ysize(lastitem)-yloc(lastitem))>=ysize(item))
{
    double vehicle=current.labels["vehicle"].value;
    setloc(item,x0,y0-vehicle,zloc(lastitem));
    double m=tonum(item);         //将临时实体转换成数值
    table[6][1]=m;                //结束该触发
    return 0;                                                   //结束该触发
}
else
{
    inc(label(current,"levelnum"),zsize(lastitem));   //记录产品在z轴方向已经摆放的高度
    current.labels["vehicle"].value=0;    //由于已经换层摆放,因此需要将y轴方向记录的长度进行清零
}

if(y0+X-(ysize(lastitem)-yloc(lastitem))<ysize(item))
{
    double levelnum=current.labels["levelnum"].value;
    setloc(item,x0,y0,z0+levelnum);
    double m=tonum(item);         //将临时实体转换成数值
    table[6][1]=m;                //结束该触发
}
```

图 14-24　搬运工人 2 装载触发代码设置

当搬运工人卸载后,需要将"vehicle"标签、"levelnum"标签进行归零处理,以便记录下一批产品的信息,两个搬运工人的相应代码如图 14-25 和图 14-26 所示。

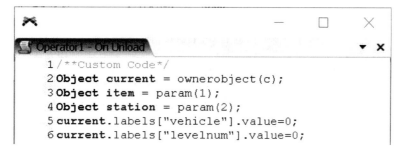

图 14-25　搬运工人 1 卸载触发代码设置

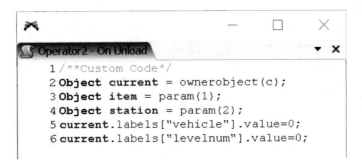

图 14-26　搬运工人 2 卸载触发代码设置

当搬运工人完成包裹上货任务需离开上货点时，需要在资源可用性触发处进行设置，坐标参数可自行调整，具体设置如图 14-27 和图 14-28 所示。

图 14-27　搬运工人 1 资源可用性触发设置

图 14-28　搬运工人 2 资源可用性触发设置

由于搬运工人在进行装载搬运的过程中需要考虑装载时间和卸载时间,因此,需要对这两个时间进行参数设置,具体设置如图 14-29 和图 14-30 所示。

图 14-29　搬运工人 1 装载和卸载时间设置

图 14-30　搬运工人 2 装载和卸载时间设置

由于在搬运过程中使用了两个搬运人员进行搬运,因此,需要使用一个任务分配器进行任务分配,任务分配器的连接设置上文已经讲过,此处不再赘述。

(4)网络节点设置。由于在仿真的过程中,搬运人员与取件人都是按一定的路径进行走动,因此,需要借助网络节点来规划路径,路径布局图如图 14-31 所示。此外,由于不同搬运工人在不同的卸货点进行卸货,因此,需要在卸货点 1 写相应的代码,使搬运工人 2 行进到卸货点 2 进行卸载,卸货点的布局图与相应代码的设置如图 14-32、图 14-33、图 14-34 和图 14-35 所示。

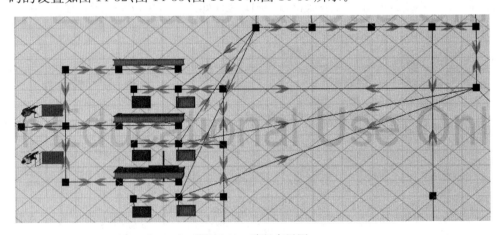

图 14-31　路径布局图

第 14 章 快递取件建模与仿真

图 14-32 卸货点布局

```
1 /**Custom Code*/
2 treenode traveler = parnode(1);
3 treenode current = ownerobject(c);
4 int toedge = parval(2); //the number of the edge that the traveler is going to next
5 int fromedge = parval(3); // the number of the edge the traveler came from
6
7 treenode new_station=Model.find("NN15");     //定义新的卸载点
8
9 int station=traveler.station; //获取traveler的station标签
10 int capacity=traveler.subnodes.length;
11 treenode destination=Model.find("ZTO_RACK");    //卸载目的地的引用
12
13 if(station==2&& capacity>0)                    //判断是否是装载有货物的搬运工人2
14 {
15     treenode ts = createemptytasksequence(traveler,1,0);    //创建任务序列
16     inserttask(ts,TASKTYPE_TRAVEL,new_station,NULL);        //执行行进任务
17     inserttask(ts,TASKTYPE_FRUNLOAD,first(traveler),destination);  //执行卸载任务
18     dispatchtasksequence(ts);           //分配任务
19 }
```

图 14-33 ZTO_RACK 卸货点 1 代码设置

```
1 /**Custom Code*/
2 treenode traveler = parnode(1);
3 treenode current = ownerobject(c);
4 int toedge = parval(2); //the number of the edge that the traveler is going to next
5 int fromedge = parval(3); // the number of the edge the traveler came from
6
7 treenode new_station=Model.find("NN8");
8 int station=traveler.station; //获取traveler的station标签
9 int capacity=content(traveler);
10 treenode destination=Model.find("YTO_RACK");    //卸载目的地的引用
11 if(station==2&& capacity>0)                    //判断是否是装载有货物的搬运工人2
12 {
13     treenode ts = createemptytasksequence(traveler,1,0);    //创建任务序列
14     inserttask(ts,TASKTYPE_TRAVEL,new_station,NULL);        //执行行进任务
15     inserttask(ts,TASKTYPE_FRUNLOAD,first(traveler),destination);  //执行卸载任务
16     dispatchtasksequence(ts);           //分配任务
17 }
```

图 14-34 YTO_RACK 卸货点 1 代码设置

图 14-35 STO_RACK 卸货点 1 代码设置

(5)货架参数设置。本案例中货架设置只有一列,根据软件默认货物存放规则,在存储的过程中从第一列的第一层开始存放,下层存满时才会使用上层进行存放。货架的尺寸设置如图 14-36 所示,以 ZTO_RACK 货架设置为例,其余两个货架尺寸作相同设置。

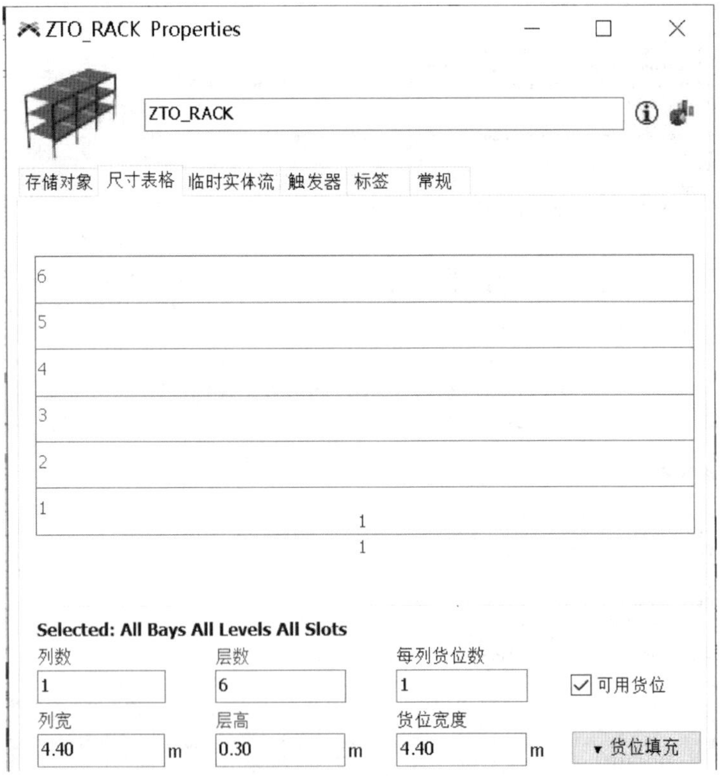

图 14-36 货架尺寸设置

上文提到,小包裹放在货架的第 3、4 层,中包裹放在货架的第 5、6 层,大包裹放在货架的第 1、2 层,此处用货架格式刷实现。在格式刷右侧的快捷属性窗口中设置,根据"itemtype"的标签值匹配货架层数,3 个货架作相同设置,具体设置如图 14-37 所示。然后在货架存储对象选项卡中的货位分配策略中设置匹配标签,

3个货架作相同设置,具体设置如图14-38所示。

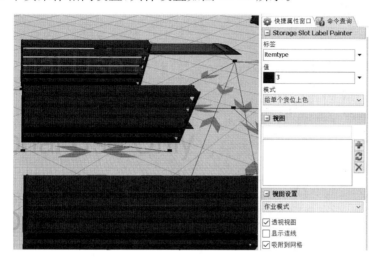

图 14-37　货架格式刷设置　　　　　　　　图 14-37(彩色)

图 14-38　设置货物分配策略

(6)顾客产生的设置。在仿真的过程中,为了实现顾客在所有快递产品都摆放在货架之后才开始取件,需要在重置触发处将发生器的输出端口关闭,等到模型运行 4000 s 后再打开其输出端口,相应设置如图 14-39 和图 14-40 所示。

图 14-39　顾客发生器消息触发设置

图 14-40　消息触发设置

为了使仿真更加逼真，使顾客穿着的颜色不尽相同，需要在离开触发处给顾客随机设置颜色，相应设置如图 14-41 所示。

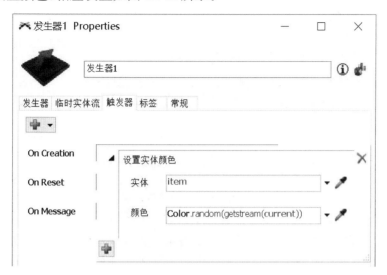

图 14-41　为顾客随机设置颜色

由于顾客是随机到某个货架进行取件的，并且人是会走动的，因此，需要对发生器的发送至端口和使用运输工具进行设置，设置过程如图 14-42 所示。另外，顾客到达服从指数分布，具体参数如图 14-43 所示。

图 14-42　发送至端口和使用运输工具的设置

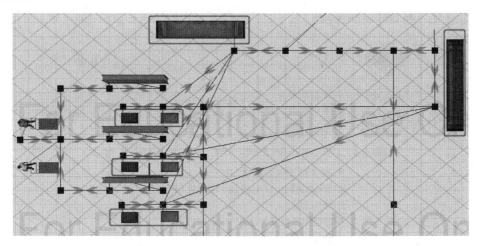

图 14-43 顾客到达参数设置

(7)取货过程设置。在仿真的过程中,每个货架都有两个取货点,因此,需要在每个货架的前面加上两个暂存区,用于表示货架的取货点。当取件人到达暂存区并从暂存区离开时,便从相应的货架随机地取走一件快递。充当取货点的暂存区与产生顾客的发生器需要进行"A"连接,此外,充当取货点的暂存区需要与排队区 1 和排队区 2 的暂存区进行"A"连接,取件人由取货点取件后便去排队区 1 或 2 进行排队扫码取件,但与货架没有任何的连线。相应的布局设计如图 14-44 所示。

图 14-44 取件布局图

取件人离开取货点后,随机地从货架中取走一件快递,因此,需要在充当取货点的暂存区的离开触发处设置相应的代码,只有货架上有包裹时,才执行取货任务,其代码设置如图 14-45 所示,6 个取货点做相同设置。

第 14 章　快递取件建模与仿真

```
1/**Custom Code*/
2 Object current = ownerobject(c);
3 Object item = param(1);
4 int port = param(2);
5 //对STO_RACK货架进行引用
6 treenode Rack=Model.find("ZTO_RACK");
7
8 int capacity=Rack.subnodes.length;
9 //防错处理，即当货架上面没有临时实体时取件人便不再从货架上面取件
10 if (capacity>0)
11 {
12     //随机从货架上面取走一件产品
13     int product=duniform(1,capacity);
14     moveobject(rank(Rack,product),item);
15 }
```

图 14-45　ZTO_RACK 货架取货点 1 离开触发代码设置

此外，为了使取件过程的显示效果更加符合实际，需要对 6 个暂存区及 2 个排队区的显示进行相应的设置，其设置过程如图 14-46 所示，显示结果如图 14-47 所示。

图 14-46　取货点堆放显示效果设置

图 14-47　显示结果

除了上述的设置,还需要对所有取货点的发送端口与使用运输工具进行设置,其设置如图 14-48 所示。

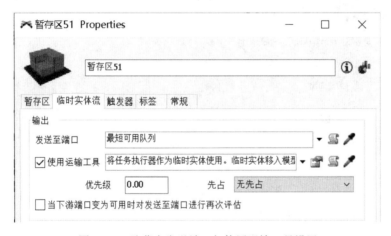

图 14-48　取货点发送端口与使用运输工具设置

所有的取货点都需要与排队区 1 和排队区 2 进行"A"连接,然后排队区 1 与检验台 1 进行"A"连接,排队区 2 与检验台 2 进行"A"连接,检验台 1 和检验台 2 不需要与任何实体进行连接。此外,排队区 1 和排队区 2 都需要勾选"使用运输工具",并做相应的设置,由于排队区 1 与排队区 2 的设置一样,本节只以排队区 1 为例进行讲解,其设置如图 14-49 所示。

图 14-49　排队区 1 使用运输工具的设置

（8）扫码取件设置。当顾客到达检验台后，需要将快递包裹放置在检验台上进行扫码取件，扫码完成后顾客便从检验台上将快递取走并离开驿站，因此，需要对检验台的进入触发和离开触发进行设置，并且使检验台与吸收器进行"A"连接，检验台不需要与任何实体进行连接。触发器相应的代码如图 14-50 和图14-51所示。

```
1/**Custom Code*/
2 Object current = ownerobject(c);
3 Object item = param(1);
4 int port = param(2);
5
6 treenode out=Model.find("处理器3");
7 int rong=item.subnodes.length;
8 //放置取件过程中，没有取到快递而出现错误
9 if(rong>0)
10 {
11     moveobject(item.subnodes[1],out);
12 }
```

图 14-50　检验台 1 进入触发代码设置

```
1/**Custom Code*/
2 Object current = ownerobject(c);
3 Object item = param(1);
4 int port = param(2);
5
6 treenode out=Model.find("处理器3");
7 int rong=out.subnodes.length;
8 //放置取件过程中，没有取到快递而出现错误
9 if(rong>0)
10 {
11     moveobject(out.subnodes[1],item);
12 }
13
```

图 14-51　检验台 1 离开触发代码设置

由于每次扫码取件都需要 10 s，因此需要在加工时间处设置加工时间，此外，还需要将"临时实体走完处理器全长"前面的钩去掉，勾选"使用运输工具"，并作出相应的设置，由于检验台 1 和检验台 2 的设置一样，因此，本节只以检验台 1 为例进行讲解，其设置如图 14-52 和图 14-53 所示。

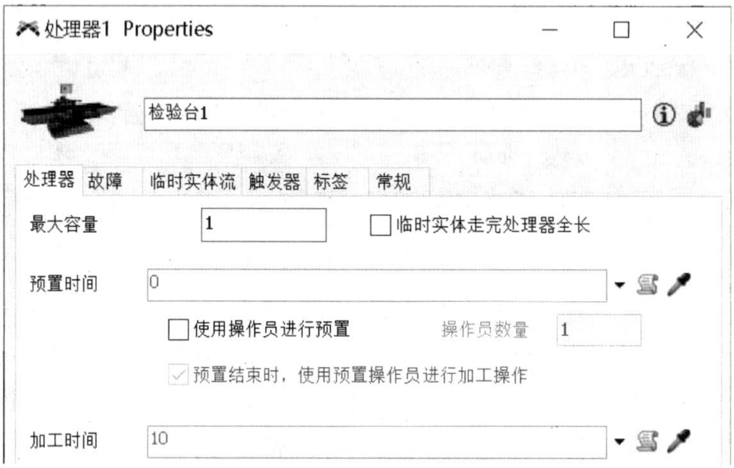

图 14-52　检验台 1 设置

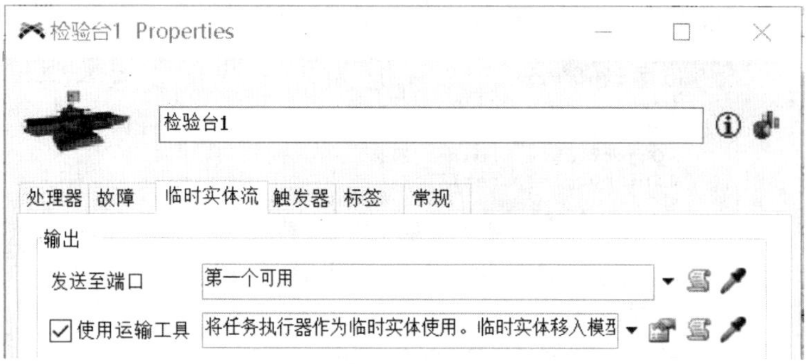

图 14-53　检验台 1 使用运输工具设置

仿真取件的过程中，需要用扫码台模拟人扫码取件的过程。在本案例中，我们选择使用处理器作为扫码取件的机器，然后通过改变处理器的三维外观使它成为扫码取件的机器。由于检验台 1 与检验台 2 的设计一样，因此，本节只以检验台 1 的设计过程为例进行讲解。

建模者可利用 SketchUp 等三维绘图软件自行绘制扫码台的三维实体，然后导入其中，建议文件大小不要超过 500 KB，否则可能会导致模型运行卡顿。也可利用软件中现有的类似扫码台的实体进行外观替换，本案例选择后者进行讲解。首先，点击人员场景中的可移动设备，选择与现实中扫码台相似的设备拖入建模区域，然后黄选处理器，在右侧快捷属性栏中，用三维外观栏右侧类似于吸管形状的拾取器点击扫码台外观，完成处理器外观的改变，具体操作如图 14-54 和图 14-55 所示。

图 14-54　人员场景实体库

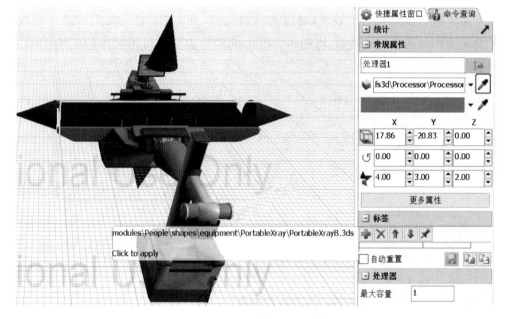

图 14-55　改变三维外观实现步骤

完成上述步骤后,需要将"临时实体走完处理器全长"前面的钩去掉,然后在进入触发设置临时实体的摆放位置,位置参数可根据需要自行调整到合适位置,具体设置如图 14-56 所示。

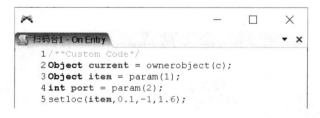

图 14-56　扫码台 1 进入触发代码设置

(9)房屋三维外观与地板设计。为了使仿真的效果更加逼真,需要导入房屋的三维外观和房屋的地板,房屋的三维外观可以先使用人员场景实体库中"其他"选项卡里的门,如图 14-57 所示,拖入之后调整大小。房屋地板使用 CAD 进行绘制,然后通过使用视觉类实体的"平面"进行导入。

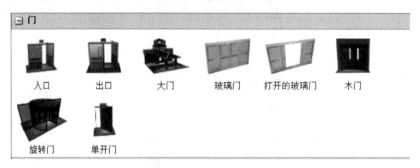

图 14-57　门选项卡

为了进一步优化三维效果,可以选择将一些临时实体的三维图形进行隐藏,其隐藏操作如图 14-58 所示,将图中方框中的钩号去掉便可将实体的三维图形进行隐藏。

图 14-58　实体隐藏操作示意

所有设置完成后,便可得到整体的示意图,如图 14-59 所示。

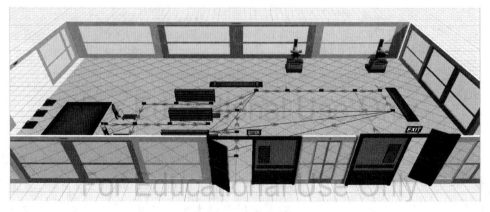

图 14-59　整体示意图

最后运行模型,查看结果,如图 14-60 所示。

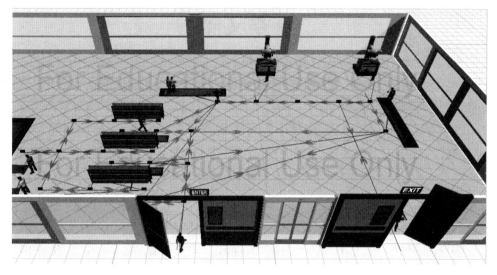

图 14-60　模型运行结果

本章课后习题

某自助打印室有 3 台打印机,顾客到达后会选择较短的队伍排队等待打印,打印完成后去装订台进行装订,然后离开,但因机器原因在装订时有 5% 的人会发现打印出错,需要重新排队打印。由于打印室空间限制,打印室内最多可容纳 30 位顾客。请根据以上背景描述进行建模。

参考文献

[1] 秦天保,周向阳.实用系统仿真建模与分析——使用Flexsim[M].2版.北京:清华大学出版社,2016.

[2] 王帆,王艳丽,王彬.配送中心布局仿真实训——Flexsim初级实训教程[M].北京:清华大学出版社,2015.

[3] 尹静,马常松.Flexsim物流系统建模与仿真[M].北京:冶金工业出版社,2014.

[4] 齐二石.物流工程[M].北京:清华大学出版社,2009.

[5] 陈荣秋,马士华.生产与运作管理[M].4版.北京:高等教育出版社,2016.

[6] 郑林江.基于智能对象的混流装配线敏捷生产管理技术研究[D].重庆:重庆大学,2010.

[7] 张群.生产与运作管理[M].3版.北京:机械工业出版社,2014.

[8] 易树平,郭伏.基础工业工程[M].2版.北京:机械工业出版社,2013.

[9] 于绍政,陈靖.FlexSim仿真建模与分析[M].沈阳:东北大学出版社,2018.